KB268086

고슴도치 부부의 사랑

고슴도치 부부의 사랑

지은이 | 김성묵 · 한은경
초판발행 | 2006. 7. 4.
27쇄발행 | 2020. 11. 26.
등록번호 | 제3-203호
등록된 곳 | 서울시 용산구 서빙고로 65길 38
발행처 | 사단법인 두란노서원
영업부 | 2078-3333 FAX 080-749-3705
출판부 | 2078-3477

▌책값은 뒤표지에 있습니다.
ISBN 89-531-0699-9 03230

▌독자의 의견을 기다립니다.
tpress@tyrannus.co.kr   http://www.Durano.com

두란노서원은 바울 사도가 3차 전도 여행 때 에베소에서 성령 받은 제자들을 따로 세워 하나님의 말씀으로 양육하던 장소입니다. 사도행전19장 8-20절의 정신에 따라 첫째 목회자를 돕는 사역과 평신도를 훈련시키는 사역, 둘째 세계선교(TIM)와 문서선교(단행본 · 잡지) 사역, 셋째 예수문화와 경배와 찬양사역, 그리고 가정 · 상담 사역 등을 감당하고 있습니다. 1980년 12월 22일에 창립된 두란노서원은 주님 오실 때까지 이 사역들을 계속할 것입니다.

고슴도치 의 사랑

김성묵·한은경 지음

두란노

차 례

한국은 총체적인 위기에 빠져 있다고 합니다. 많은 사람이 경제문제를 이야기하고 정치문제 특히 북한과의 갈등을 이야기합니다. 하지만 정말 문제는 많은 가정이 무너지고 있다는 것입니다. 가정의 붕괴는 곧 사회의 붕괴를 의미합니다. 사회의 붕괴는 곧 나라의 위기입니다.

도처에 고급 아파트, 고층 아파트, 큰 평수의 아파트들이 들어서고 있습니다. 전원주택이 들어서고 장식도 화려해지고 방 평수도 넓어지고 가구도 화려해지고 있습니다. 그런데 문제는 집House은 늘어나는데 가정Home은 사라지고 있다는 것입니다. 방 평수는 늘어 가지만 사람들은 줄어들고 있다는 것입니다. 각종 아름다운 장식과 가구로 가득 차 있지만, 그 안에 기쁨이 없고, 웃음이 없고, 생기가 없다는 것입니다.

가정을 회복하고 가정을 세워야 합니다. 그것은 나 자신을 위한 길이기도 하고 자녀들을 위한 길이며, 나라를 위한 길입니다.

군대의 교회에 가면 늘 이런 표어가 붙어 있습니다.

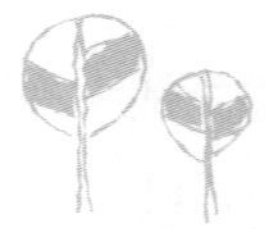

“하나님을 위하여, 나라를 위하여!”

과연 하나님을 위하고 나라를 위한 길은 무엇일까요? 그것은 바로 가정을 건강하게 세우는 것입니다. 가정이 건강해야 나라도 건강해지고 가정이 건강해야 하나님 나라도 건강하게 확산되어 갈 수 있기 때문입니다. 하나님이 가장 기뻐하시는 일은 바로 가정을 세우는 일입니다.

가정에는 세 가지 체계가 있습니다. 부모, 부부, 자녀입니다. 가정의 중심에 부부가 있습니다. 부부가 행복해야 부모님도 행복하고, 자녀도 행복합니다. 부부가 하나될 때, 온 가족이 하나될 수 있습니다. 부부가 하나되어 부모님을 공경하고, 자녀를 양육하는 가정이 행복한 가정입니다. 부부의 불행이 곧 가정의 불행입니다. 어느 가정 사역자는 “결혼 생활은 고슴도치 부부가 추운 겨울 날 추위를 피해 서로 다가가다가 서로 가시에 찔려 피를 흘리는 것 같다.”고 말했습니다. 하지만 고슴도치는 실제로 약 5000개의 가시가 있어도 부부가 사랑을 나눌 때는 가시를 누이거나 잘 연결해서 서로를 찌르지 않고 상처를 주지 않는다고 합니다. 고슴도치의 포옹은 상대방에 대한 깊은 이해, 배려, 관심, 그리고 철저한 헌신이 뒤따르는 작업일 것입니다.

우리에게도 가시가 너무도 많습니다. 이제 그 가시를 상대방을 찔러 상처 주는 가시가 아니라, 고슴도치 부부처럼 그 가시를 누이 거나 나란히 해서 오히려 깊은 사랑을 표현하는 도구로 써야 합니다. 사랑만이 답입니다. 사랑만이 진실입니다. 사랑만이 힘입니다.

아파치 인디언들은 결혼식 때, 이런 축시를 낭독한다고 합니다.

이제 두 사람은 비를 맞지 않으리라. 서로가 서로에게 지붕이 되어 줄 테니까.
이제 두 사람은 춥지 않으리라. 서로가 서로에게 따뜻함이 될 테니까.
이제 두 사람은 더 이상 외롭지 않으리라. 서로가 서로에게 동행이 될 테니까.
이제 두 사람은 두 개의 몸이지만 두 사람 앞에서는 오직 하나의 인생만이 있으리라.

행복을 꿈꾸는 부부들과 건강한 가정을 소망하는 모든 분을 위해 도움이 되리라는 바람을 가지고 부족한 내용을 책으로 정리해 보았습니다.

이 책이 나오기 까지 도움을 준 여러분께 깊은 감사를 드립니다.

투병 중에서도 늘 웃음으로 격려해 주신, 저희 부부의 영원한 멘토 하용조 목사님, 저희 부부가 가정 사역을 할 수 있도록 이끌어 주신 손한기 장로님·이기복 교수님 부부, 오늘날까지 저희가 가정 사역을 할 수 있도록 회사를 지켜 주셨던 이종일 장로님·박경은 권사님 부부, 그리고 카고게이트 직원 여러분, 마지막으로 부족한 우리 부부를 사랑해 주시고 격려해 주신 전 세계 곳곳의 아버지학교, 어머니학교 동역자 여러분께 깊이 감사 드립니다.

2006년 7월, 주님의 뜨거운 사랑을 전하며

두란노 아버지학교 **김성묵** 본부장 · 어머니학교 **한은경** 본부장 드림

Part 1

그래도
우리는
부부다

우리에게 가시가 있어 서로 찔러도 우리는 부부입니다.

Chapter 1

가시를 접어라

말의 가시만 접으면 껴안을 수 있습니다.

감정을 충분히 표현하라 맞장구를 쳐 주라 갈등 해결의 5단계 화술을 사용하라

책임 전가를 하지 말라 승리의 말을 사용하라 사랑과 감사를 표현하라

비밀을 없애라 아낌없이 칭찬하라 손잡고 기도하라

감정을 충분히 표현하라

어느 날, 지방에서 강의가 늦게 끝나 그날은 그곳에서 하루 묵고, 다음 날 아침나절에 집으로 돌아왔습니다. 강의와 상담, 그리고 네 시간이 넘는 운전 끝에 집에 도착했기 때문에 좀 피곤했습니다. 더구나 그 전 주, 중국에서 약 일주일 동안 여기저기 강의하러 다니면서 음식에 문제가 있었던지, 위장에 탈이 나 한국에 돌아와서도 계속 식사를 제대로 하지 못했습니다. '혹 암 수술을 받은 대장이 잘못된 것이 아닐까?' 하는 의구심도 있어 신경이 날카로웠습니다.

아내는 내가 도착하자 아침 겸 점심 식사를 준비하기 시작했습니다. 모처럼 집에서 하는 식사였지만, 속이 좋지 않았기 때문에 내심 '무얼 준비하느라 저렇게 분주한가?' 하는 생각이 들었습니다. 한 시간 쯤 지나니 부엌에서 "식사하세요!" 하는 아내의 밝은 목소리가 들려왔습니다. 나는 오랫동안 쌓인 이메일을 정리하느라 금방 일어날 수가 없었습니다.

한 5분을 기다리다 먼저 먹겠다는 아내를 두고 2, 3분쯤 있다가 나가 보니 아내가 혼자서 밥을 먹고 있었습니다.

밥상에 앉아 반찬과 밥을 본 순간 내 마음이 착 가라앉았습니다. 묵은 김치를 빨아 만든 김치찌개, 갈치조림, 그리고 맵고 짠 마른 반찬 몇 가지……. 속이 아픈 나로서는 다 먹을 수 없는 것이었습니다.

그런데 밥을 한 숟갈 뜨는 순간, 나도 모르게 '밥이 왜 이렇지?' 하는 생각이 들었습니다. 푸들푸들 밥알이 따로 노는 것이, 금방 한 밥이 아니었습니다. 아내가 내 표정을 보았는지 말했습니다.

"응, 지난주에 둘째 아이가 왔을 때 한 밥인데 냉장고에 바로 얼려 햇반처럼 만들어 보려고 했는데 실패네요."

그 이야기를 듣는 순간 속에서 뭔가 치밀어 올라왔습니다.

'아니, 이걸 지금 날 먹으라고 준 거요? 속이 탈이 나서 고생하고 있는 나한테? 당신 내 아내 맞소?'

이 말이 목구멍까지 치밀어 올랐지만 꾹꾹 참고 밥을 먹었습니다. 그런데 갑자기 아내가 밥그릇을 휙 빼앗아 가는 것이었습니다.

"들지 마세요!"

그 순간 나는 들었던 수저를 '탁!' 소리가 나도록 식탁에 내려놓으면서 벌떡 일어나 내 방으로 돌아와 버리고 말았습니다.

조금 있으니 다시 부엌에서 전자레인지 돌아가는 소리가 나더니, 아내가 다시 부르는 소리가 들렸습니다. 가고 싶지 않았지만 그래도 뭔가는 조금 먹어야 한다는 생각에 꾹 참고 다시 식탁에 앉았습니다. 그런데 이제는 슈퍼에서 파는 진짜 '햇반'을 전자레인지에 데워서 그대로 내놓는 것이 아니겠습니까? 그래도 하는 수 없어 그거라도 먹는데, 별 생각이 다 들었습니다.

'이 햇반을 언제 사다 냉장고에 넣어 둔 것일까? 내가 알기로는 최근에 슈퍼에 갈 시간이 없었을 텐데, 혹시 유효기간이 지난 것 아닌가? 해도 해도 너무하는구나. 도대체 이러고 무슨 강의를 하러 다니나?'

이럴 때마다 내가 나아가는 곳은 그분의 십자가 앞이었습니다. 습관대로 섭섭한 마음, 분노, 상한 감정을 다 십자가 앞에 내려놓자 마음이 조금 편해졌습니다. 아마 그때 내 섭섭한 마음, 분노, 상한 감정을 있는 그대로 모두 다 아내에게 털어 놓았더라면 아내도 큰 상처를 받았을 것이고, 싸움이 벌어졌을지도 모를 일이었습니다. 하지만 그분은 내 마음을 그대로 받아 주셨고, 내게 다시 평안을 허락하셨습니다. 그래도 그 문제에 대해 내 감정을 이야기하기에는 아직 어려움이 있어, 오늘 있을 강의 주제로 화제를 돌려 말문을 열었습니다. 그러면서도 어색한 분위기는 여전했습니다. 둘이 강의 장소로 향하면서도 평소보다는 말수가 더 적었습니다.

이윽고 강의가 시작되었고 내가 아내를 소개했습니다.

"저희는 결혼한 지 30년이 되었고, 아내는 이제 아내라기보다 저의 가장 다정한 친구이며, 사역의 동반자이며, 보석 중의 보석이라는 것을 요즈음 깨닫고 있습니다."

멋쩍기 짝이 없었습니다.

'정말 그럴까?'

내 속에서 이런 의문이 계속 떠오르고 있었기 때문이었습니다.

그렇게 어렵게 강의가 시작되었는데, 강의가 시작되자마자 아내의 한마디로 웃지 못할 일이 벌어졌습니다.

"오늘 아침에 사실 남편과 한판하고 오는 길입니다. 왜 그렇게 화가 나셨지요?"

장내는 폭소가 터졌고, 나는 얼굴이 벌게져서 얼버무렸습니다.

"아니 뭐 그런 일을 다 얘기하고 그래요?"

그 일로 분위기가 반전되어 강의는 잘 풀려 나갔습니다. 은혜 가운데 강의를 마치고 돌아오는 차 안에서 나는 아내에게 물었습니다.

"당신 정말 내가 왜 화가 났는지 모른단 말이오?"

"당신 도대체 왜 그렇게 화를 냈어요?"

그 말을 듣자 어이가 없었습니다.

"정말 몰라서 물어요?"

그런데 그 순간 아내가 정말 잘 모를 수도 있다는 생각이 들었습니다. 감정을 말로 정확하게 표현하지 않았으니, 왜 내가 화가 났는지, 내가 어떤 생각을 가지고 있는지 아내가 알 길이 없을 수도 있다는 생각이 문득 들었습니다.

'맞아! 이럴 땐 감정을 표현하라고 강의해 놓고, 나는 감정을 이야기하지 않았구나.'

처음부터 내 속사정을 아내에게 소상히 이야기하고, 내가 원하는 바를 말했더라면 이런 일이 없었을 것입니다. 또 밥과 반찬이 내가 먹기에 좀 힘들다고 판단이 되었을 때, 감정을 미리 솔직히 표현했더라면 그런 오해는 없었을 것입니다. 나는 아무 일도 아닌 문제로 반나절을 가슴앓이하고 말았던 것입니다.

얼마 전 신혼의 젊은 자매가 나를 찾아왔습니다.

"장로님, 저는 오빠 때문에 너무 속상해요. 아니 영화가 보고 싶어서, '오빠, 요즘 영화 뭐 하지?' 라고 물었더니, 글쎄 오빠가 컴퓨터 앞에서 한 시간쯤 뭔가 하는 것 같더니 프린트한 종이 몇 장을 건네주면서, '자 여기 있어! 읽어 봐!' 하는 거예요. 그래서 보았더니 극장 이름과 상영 영화 제목 등을 죽 뽑아서 프린트한 것이더라고요. 아니 누가 극장 이름과 영화 목록 뽑아 달라고 했나요? 참 매사가 그런 식이에요. 정말 답답해 죽겠어요, 장로님!"

"아니 자매님, 남편한테 '오빠, 요즘 영화 뭐 하지?' 라고 물어보니 당연히 영화 제목 뽑아다 주지요. 나 같아도 그랬겠다. 영화가 보고 싶으면 '오빠 나 영화 보고 싶어. 우리 영화 보러 가자.' 이렇게 이야기해야 오빠가 알아 듣지요. 이런 참."

그러자 자매는 그동안 말을 빙빙 돌려 해서 의사소통이 되지 못했던 몇몇 지난 사건을 이야기하더니 앞으로는 자신의 바람을 정확히 말하겠노라 하고 갔습니다.

솔직하고 정중하게 자신의 감정이나 바람을 표현하는 것이 건강한 의사소통의 첫걸음입니다. 기쁠 때도 슬플 때도 힘들 때도 아플 때도 솔직히 자신의 감정을 이야기하는 것, 그것이 행복한 가정을 만드는 지름길입니다.

phrase 그런즉 거짓을 버리고 각각 그 이웃으로 더불어 참된 것을 말하라 이는 우리가 서로 지체가 됨이니라. 잠언 15:23

prayer 부부 사이에 서로의 마음을 알아주기만을 바라며 갈등하지 않기를 소망합니다. 솔직하고 정중하게 자신의 감정이나 바람을 표현할 수 있는 담대함을 주세요.

맞장구를 쳐 주라

갈등은 생명이 있다는 것이며, 성장하기 위해 몸부림하고 있다는 증거입니다. 갈등은 어느 공동체에서나 생기게 마련이고 가족이나 부부 사이에서도 마찬가지입니다.

그렇다면 우리는 왜 갈등을 겪으며 살아갈까요?

 **강의노트** 갈등의 원인

1. 역할의 갈등

서로에 대한 역할 기대가 미숙할 때 갈등이 생길 수 있습니다. "나는 이렇게 열심히 하고 있는데, 너는 지금 뭘 하고 있는 거냐?" 하는 생각이 들면 갈등이 생깁니다. 서로의 욕구가 충돌했기 때문입니다.

2. 의사소통의 갈등

어느 한 사람이 늘 일방적으로 자기주장만 일삼을 경우, 또 상대방의 이야기를 오해했을 경우 발생하게 됩니다.

3. 가치관의 갈등

늘 자신의 것만 챙기려는 사람과 베풀기를 좋아하는 사람이
만나면 가치관의 차이로 갈등에 부딪칩니다.

4. 차이의 갈등

종족 차이, 성격 차이, 남녀 차이, 문화 차이 등 차이는 단순
히 다른 것일 뿐인데 이것을 틀렸다거나 나보다 못하다고
생각하면 갈등이 생기기 시작합니다.

5. 상처의 갈등

돈에 상처가 있는 사람은 돈 문제에 민감해집니다. 술에 상
처가 있는 사람은 술 이야기만 나오면 민감해집니다. 치유
되지 않는 상처란 그렇게 무서운 것이고 갈등을 불러오는
큰 요인이 될 수 있습니다.

6. 재원 부족의 갈등

뭔가 실제로 부족하거나 부족하다고 느낄 때 갈등이 일어납
니다.

갈등을 두려워할 필요는 없습니다. 다만, 갈등은 어떻게 처리하느냐에 따라 성장이 될 수도 있고, 퇴보가 될 수도 있습니다. 갈등에 대한 대처 방안은 여러 유형이 있습니다.

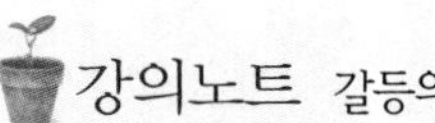 강의노트 갈등의 대처 방안

1. **경쟁 양식**

   무조건 이기려고 합니다.

2. **회피 양식**

   문제만 생기면 슬슬 회피하려고 합니다.

3. **타협 양식**

   주고 받는 방식Give and take 으로 적당히 절충하려고 합니다.

4. **순응 양식**

   늘 자신의 욕구는 뒤로 미룬 채 양보합니다.

5. **협력 양식**

   나도 만족, 상대방도 만족, 모두가 행복해지는 방법입니다. 이른 바 win-win 양식이라는 것입니다. 가장 좋은 방법은 협력 양식입니다. 하지만 상황에 따라 자유롭게 적응하는 사람, 그 사람이 진리 안에서 자유로운 사람일 것입니다.

갈등 상황에 들어갔을 때, 가장 중요한 해결 방법은 의사소통입

니다. 의사소통은 상대방에게 나를 이해시키고, 내가 또 상대방을
이해하는 수단을 말합니다. 따라서 내가 품고 있는 생각이나 바람을
정확히 전하는 것도 중요하지만, 갈등을 해소하기 위해서는 먼저 상
대방의 바람과 생각을 정확히 이해해야만 합니다. 가장 좋은 방법은
야고보서 1장 19절 말씀 안에 있습니다.

"내 사랑하는 형제들아 너희가 알거니와 사람마다 듣기는 속히
하고 말하기는 더디 하며 성내기도 더디 하라." 야고보서 1:19

듣기의 가장 좋은 방법을 반영적 경청이라고 합니다. 상대방
이 하는 말의 내용과 감정을 반영하며 적절하게 반응하는 것입
니다. 좀더 쉬운 말로 맞장구치기 정도로 표현할 수 있습니다. 맞장
구치기는 문제 해결의 실마리자, 상대방을 살리고 나를 살리는 방법
이기도 합니다. 그곳에 성장과 성숙이 있습니다.

phrase 사람은 그 입의 대답으로 말미암아 기쁨을 얻나니 때에 맞는
말이 얼마나 아름다운고. 잠언 15:23

prayer 가족끼리 갈등이 생길 때마다 때에 맞는 아름다운 말, 적절한
말이 생각나게 해 주세요. 갈등을 해결해 가는 지혜를 주세요.

갈등 해결의 5단계 화술을 사용하라

시오노 나나미가 쓴 《로마인의 이야기》를 보면 다신교를 종교적 근간으로 하는 로마에는 신이 참 많았다는 것을 알 수 있습니다. 여러 신 중 가장 눈에 띄는 신은 바로 부부 관계를 담당하는 전문 수호신, '비리프라카' 라는 여신입니다.

부부 싸움을 한 부부는 비리프라카 여신을 모시는 신전으로 갔다고 합니다. 부부 싸움을 해결해 주는 신이라면 공정을 기하기 위해서라도 당연히 중성의 신이어야 했지만, 여신이라는 점이 특이합니다. 아마 당시에도 남성 중심의 사회였기 때문에 피해자는 대부분 여성이라는 점을 감안하여 힘의 균형을 위해 여신을 부부 싸움의 해결사로 세웠는지도 모릅니다. 아니면 해결책보다는 관계를 중요하게 여기는 여성의 특성을 가진 여신이 중재의 기능을 잘 감당할 수 있을 것이라는 심오한 뜻이 담겨 있는지도 모릅니다.

그곳에는 여신상만 있을 뿐, 제사장도 없었고 아무런 감시자도 없었다고 합니다. 하지만 비리프라카 신전에는 중요한 규칙이 하나 있었습니다. 이 규칙은 감시자가 없어도 반드시 지켜졌다고 합니다.

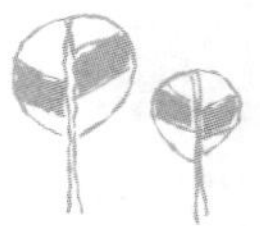

“반드시 한 번에 한 사람씩 차례로 여신에게 호소해야 한다.”

비리프라카 여신 상 앞에서 지켜야 할 규칙은 바로 이것이었습니다. 이렇게 하면 어느 한쪽이 여신에게 호소하는 동안, 다른 한 쪽은 잠잠히 경청하고 있을 수밖에 없다는 것입니다. 잠잠히 듣고 있노라면 열불이 날 때도 있지만 참아야 한다는 것입니다.

듣고 있노라면 상대방의 입장을 충분히 들을 수 있고, 자신의 차례가 되어 자신의 입장을 호소할 때 서로의 주장에도 일리가 있다는 것을 깨닫고, 흥분했던 목청도 조금씩 가라앉고, 결국에는 대부분의 부부가 다정하게 신전을 나온다는 것입니다. 생각해 보면 참으로 절묘한 방법입니다. 지혜로운 방법입니다.

“얼마나 열렬히 연애했는가?”

이러한 물음이 결혼 생활을 행복하게 만드는 것은 아닙니다.

“갈등을 어떻게 해소해 나가는가?”

이것이 행복한 결혼의 열쇠입니다.

많은 부부가 위기를 겪는 이유는 갈등 때문이 아니라, 갈등을 해결하는 방법을 몰라서입니다. 이혼에 직면해 있는 부부들을 만나 보면 대부분 5분 이상 대화를 지속하지 못합니다. 감정이 상할 대로 상해서 화를 내고, 말꼬리를 잡고 싸우고 주제와는 전혀 상관없는 인신공격에 이르다 나중에는 욕설이 오가고 급기야는 서로 입을 다물어 버리는 현상이 일어납니다.

부부 생활에 갈등은 필연적으로 올 수밖에 없습니다. 그 갈등을 부정적, 파괴적으로 몰고 간다면 행복의 걸림돌이 될 것입니다. 하지만 그 갈등을 긍정적, 건설적으로 해결하려고 노력한다면 그것이 오히려 행복의 디딤돌이 될 것입니다.

갈등이 없는 부부는 없습니다. 갈등한다는 것은 살아 있다는 이야기며 성장하고 있다는 이야기입니다. 부부의 갈등은 부부의 성장통입니다. 저는 많은 젊은 부부가 갈등이 생겼을 때, "잘못 만났다." 혹은 "우린 성격이 너무 다른 것 같다."라고 말하는 것을 들었습니다. 하지만 절대로 그렇지만은 않습니다. 오히려 갈등이 있는 부부가 정상이며 건강한 부부입니다. 문제는 이를 어떻게 극복해 나가는가에 달려 있습니다.

우선 상대방의 정확한 욕구를 알고 이를 정리해야 합니다. 갈등은 대부분 두 사람 사이의 차이에서 비롯되는 경우가 많습니다. 따라서 상대방을 잘 이해하는 것이 가장 중요합니다.

상대방의 욕구가 무엇인지, 상대방이 진정으로 원하는 것이 무엇인지 알지도 못하고 섣부른 해결책을 내놓는다면 문제를 더욱 악화시킬 뿐입니다.

예를 들면, 요즈음 젊은 부부들은 대부분 두 사람 모두 직장을 가지는 경우가 많습니다. 아내가 직장 생활을 하랴, 가정을 돌보랴 여러 가지 어려움이 많아서 이렇게 이야기했다고 가정해 보겠습니다.

"여보 나 요즘 정말 힘들다. 집안 살림하랴 직장 생활하랴, 더구나 직장에서 그 김 과장이란 사람은 왜 그렇게 스트레스를 주는지……."

그러면 대부분의 남편은 이렇게 말합니다.

"여보 그만 둬. 내가 먹여 살릴 테니까."

하지만 이러한 대답을 수긍할 수 있는 아내는 한 명도 없습니다.

 **강의노트** 부부 갈등 해결을 위한 5단계 화술

1. 속마음을 읽는다.

아내가 하소연을 해 올 때, 남편은 아내가 감정Feeling을 이야기하고 싶어 한다는 것을 잘 알아야 합니다. 남편은 아내가 왜 그런 말을 했는지 속마음을 읽어야 합니다. 당연히 아내도 회사를 그만두면 문제가 해결된다는 사실을 알고 있습니다. 하지만 그만둘 수 있는 입장이 아닌 것입니다. '아내가 왜 그런 소리를 하는가?' 그 속마음을 읽어야 합니다. 아내는 지금 힘들고 속상해서 남편에게 하소연하고 싶은 것뿐입니다.

2. 해결책을 제시한다.

"여보 당신이 그렇게 힘드니까 그럼 부서를 좀 바꿔 보는 것은 어떨까?" "아침마다 내가 당신 회사까지 데려다 주고 갈게. 그럼 좀 들 힘들겠지." "앞으로 설거지는 내가 하기로 하지." "아침 식사는 우리 빵으로 하자. 그건 내가 준비할게." 이때 중요한 것은 누가 해결책을 이야기하면 그것에 대해 평가하지 않는 것입니다. 서로의 말을 인정하지 않고 이 단계에서 평가를 내리면 대화는 다시 갈등 구조로 되돌아 갈 수도 있습니다.

3. 해결책을 함께 평가하고 그중에서 하나를 선택한다.

해결책을 평가할 때는 반드시 '나'를 주어로^{I-Message} 사용해서 자신의 의견을 전달해야 합니다. 만일 평가하는 과정에서 끊임없는 논쟁이 계속된다면, 잠시 타임아웃^{Time-out 운동경기 시의 작전타임. 작전타임을 선언하는 순간 경기는 중단된다.}을 선언하는 것도 매우 지혜로운 방법입니다. 보통은 오늘 시작했으니 아예 끝장을 보자고 덤비는 경우가 많고 그래서 더욱 격렬한 싸움이 될 때가 많습니다. 어느 한 사람이 타임아웃을 선언했을 때, 다른 사람은 반드시 받아들여만 합니다. 하지만 이것을 문제로부터의 도피로 이용해서는 절대 안됩니다. 문자 그대로 작전을 구상하는 시간입니다. 해결점을 모색해 보는 시간이어야 합니다.

4. 합의된 해결책을 실시해 보고 재평가해야 한다.

이 과정을 거쳐야 성장이 있고 합의를 존중해 주면서 상호 신뢰가 쌓여 갑니다.

5. 함께 기도한다.

부부가 함께 갈등을 해결해 가고자 할 때 가장 중요한 것은 이 과정의 시작과 끝을 항상 기도로 시작하고 기도로 마무리하는 것입니다. 성령님이 함께하신다는 것을 서로가 인정하고 믿어야 합니다.

phrase 우리가 알거니와 하나님을 사랑하는 자 곧 그 뜻대로 부르심을 받은 자들에게는 모든 것이 협력하여 선을 이루느니라 로마서 8:28

prayer 잘 들을 수 있는 귀를 주세요. 나의 감정을 잘 표현할 수 있는 지혜를 주세요. 갈등이 걸림돌이 되지 않게 하시고, 갈등이 서로를 성장시키는 도구가 되도록 도와주세요.

책임 전가를 하지 말라

가정은 인간을 인간답게 훈련시키고자 하나님이 만들어 주신 최초의 보금자리였습니다. 하나님은 인간이 그곳에서 영적인 연합, 정서적 연합, 육체적인 연합을 통해 한 몸으로 이루며, 성장하고 성숙해 나아가길 원하셨습니다. 하나님은 가정을 만드시고, 심히 좋아하셨고, 바로 그 다음 날 안식하셨습니다.

가정은 하나님이 만드신 대로 안식입니다. 우리는 가정의 안식을 통해 재충전하고, 서로의 사랑을 통해 하나됨을 확인하며, 그 하나됨을 통해 세상을 정복하고 다스립니다. 베이스캠프의 역할을 감당하는 곳이 바로 가정입니다.

"이는 내 뼈 중의 뼈요, 살 중의 살이라" 창세기 2:23
"두 사람이 벌거벗었으나 부끄러워 아니하니라" 창세기 2:25

이러한 고백을 통해 아담과 하와 두 사람이 정말 하나되어 있었음을 확인할 수 있습니다. 하지만 선악을 알게 하는 나무의 실과를 따먹는 죄를 범한 이후, 두 사람의 하나됨에 본격적으로 금이 가기 시작했습니다.

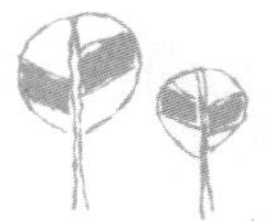

그들이 먼저 한 일은, 자기들의 몸이 벌거벗은 것을 알고, 무화과 나뭇잎을 엮어 치마를 만들어 입고 숨어 버렸습니다. 그리고 아담과 하와는 변명하고 서로에게 책임을 전가하기 시작합니다.

하나님이 아담에게 "내가 먹지 말라고 명한 나무의 실과를 네가 먹었느냐?"고 물으셨을 때 아담은 "하나님이 주셔서 나와 함께하게 하신 여자 그가 그 나무 실과를 내게 주므로 내가 먹었나이다"창세기 3:12고 대답하였고, 하나님이 하와에게 "어찌하여 네가 이렇게 하였느냐?"고 물으셨을 때 하와 역시 "뱀이 나를 꾀므로 내가 먹었나이다"창세기 3:13라고 변명하므로 결국 두 사람 다 책임을 하나님께 전가하고 말았습니다.

책임 전가, 이것이야말로 하나됨을 깨어 버리는 독소입니다.

서로 "네 탓이다, 너 때문이야!"라는 책임 전가가 관계를 깨는 원흉입니다. 책임 전가는 부부의 하나됨을 방해합니다. 분리를 조장합니다. 책임 전가는 성장이 아니라 파괴입니다. 책임 전가는 이타가 아니라 이기입니다. 그곳에는 안식이 없고 분주와 초조함이 있을 뿐입니다.

인간은 누구나 죄인입니다. 죄성을 지닌 인간은 끊임없이 실수를 하고 시행착오를 합니다. 그러기에 문제 자체에만 머무르며 고통스러워 하는 것은 무의미합니다. 중요한 것은 그 실수와 시행착오를 어떻게 다루느냐 하는 것입니다.

우리는 종종 이러한 책임 전가의 습관으로 인해 갈등을 겪기도 합니다. 문제의 원인을 내 안에서 찾지 않고 '네' 안에서 찾기 시작하면 이것이 갈등이 되고 싸움이 됩니다.

 **강의노트** 부부 관계를 위협하는 말의 단계

1. 비난하는 단계

"당신 허구헌 날 이렇게 늦게 들어와요?"

"당신 집에서 애 하나 돌보지 못하고 하루 종일 대체 뭐했어?"

2. 멸시하는 단계

"당신 도대체 제대로 하는 게 뭐 있어?"

"그러니 늘 그 모양 그 꼴이지."

"당신 같은 사람하고 사는 내가 불쌍하다."

3. 책임 전가의 단계

"당신이 그 모양이니까 애들이 그 모양이지."

"당신이 하는 걸 보면 내가 집에 일찍 들어올 마음이 들겠어?"

"너나 잘해라!"

4. 돌담을 쌓는 단계

"……."

"……!!"

이 단계에서는 대화 자체를 거부하는, 파멸의 단계입니다.

《결혼》(레스패롯)

가정 회복을 위해서는 책임 전가를 막아야 합니다. 부모 탓하고, 형제 탓하고, 아내 탓하고, 남편 탓하고, 자녀 탓하는 책임 전가를 막아야 합니다. 인생의 궁극적인 책임이 내게 있음을 깨달아야 합니다.

"내 탓입니다. 내 잘못입니다."

이러한 고백이 자연스러워야 합니다. 이는 책임 전가를 막아 주고 관계를 회복시켜 줍니다.

책임 완수를 통해 내가 변하고 성숙합니다. 내가 변하고 성숙해야 문제 해결의 실마리가 생기는 것입니다. 내가 절대로 바꿀 수 없는 두 가지가 있는데, 그것은 바로, '내 과거와 너'라고 합니다. 하지만 놀라운 것은 내가 바뀌면 너도 바뀌고 과거도 달리 해석이 된다는 것입니다.

나 하나 꽃 피어

풀밭이 달라지겠냐고

말하지 말아라.

네가 꽃 피고 나도 꽃 피면

결국 풀밭이 온통

꽃밭이 되는 것 아니겠느냐.

나 하나 물들어

산이 달라지겠느냐고도

말하지 말아라.

내가 물들고 너도 물들면

결국 온산이 활활

타오르는 것 아니겠느냐.

조동화 〈나 하나 꽃 피어〉

변화는 한 사람으로부터 시작되는 것입니다. 내가 변화시킬

수 있는 사람은 나밖에 없습니다. 내가 바뀌면 아내가 바뀌고 남편
이 바뀝니다.

phrase 너희는 유혹의 욕심을 따라 썩어져 가는 구습을 좇는 옛 사람
을 벗어 버리고 오직 심령으로 새롭게 되어 하나님을 따라 의와 진리
의 거룩함으로 지으심을 받은 새 사람을 입으라. 에베소서 4:22-24

prayer 남에게 책임을 전가하지 말고 스스로 책임지는 사람이 되게 해
주세요. 상대방을 탓하지 않고, 내 탓으로 돌리고 내가 먼저 변화되게
해 주소서.

승리의 말을 사용하라

2002년 정부의 통계에 의하면, 한국의 이혼율이 47%를 넘어서 이제는 세계에서 두 번째로 이혼율이 높은 나라가 되고 말았습니다. 가정이 무너지는 데는 여러 가지 원인이 있습니다. 하지만 창세기에 의하면 가정이 무너질 때 가장 먼저 나타나는 현상은 언어의 세계가 흩어지는 것입니다. 그것이 사탄의 계략입니다.

"여호와 하나님이 그 사람에게 명하여 가라사대 동산 각종 나무의 실과는 네가 임의로 먹되 선악을 알게 하는 나무의 실과는 먹지 말라 네가 먹는 날에는 정녕 죽으리라 하시니라"창세기 2:16-17

이러한 하나님의 말씀을 사탄은 왜곡했습니다.

"하나님이 참으로 너희더러 동산 모든 나무의 실과를 먹지 말라 하시더냐"창세기 3:1

하와는 또 말을 바꿉니다.

"동산 나무의 실과를 우리가 먹을 수 있으나 동산 중앙에 있는 나무의 실과는 하나님의 말씀에 너희는 먹지도 말고 만지지도 말라 너

희가 죽을까 하노라 하셨느니라"창세기 3:2-3

하지만 사탄은 하와에게 말합니다.

"너희가 결코 죽지 아니하리라 너희가 그것을 먹는 날에는 너희 눈이 밝아 하나님과 같이 되어 선악을 알줄을 하나님이 아심이니라"

창세기 3:4-5

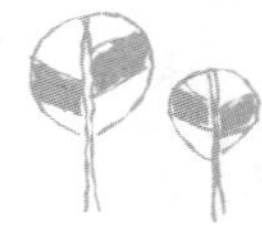

이로써 죄가 시작되었습니다. 인류 최초의 공동체인 가정이 붕괴하기 시작한 것입니다. 죄의 결과로 서로에게 책임을 전가하는 일이 일어났습니다. 부부간에 친밀감이 사라지고, 수치감과 열등감과 두려움으로 가득 찼습니다. 결국 인간의 공동체에는 시기와 살인, 간음이 일어나기 시작했고 이는 인류의 비극으로 확산되었습니다.

죽음으로 치닫고 있는 인류를 구원하시기 위해 예수님이 이 땅에 오셔서 하신 사역 중 가장 중요한 것은 하나님의 말씀을 선포하는 사역이었습니다. 하나님의 세계인 '언어의 세계'를 다시 회복시키시는 것이 그분의 사역이셨습니다.

언어는 하나님의 세계이며 공동체를 세우는 기초입니다. 많은 가정이 아픔을 겪고 갈등 속에서 깨지고 있습니다. 가정의 건강 지수를 알 수 있는 척도는 가족 사이의 대화입니다. 대화는 인체의 동맥과도 같습니다. 만일 동맥이 막히면 동맥경화증에 걸려 사람이 죽어가듯, 대화가 막히면 '대화경화증'에 걸려 가정은 서서히 병들고 죽어갑니다.

대화경화증은 처음에는 서로 비난하는 것으로 시작되어 비난의 단계를 지나 멸시의 단계, 서로에게 책임을 돌리며 탓하는 단계로 나아가며 침묵으로 벽을 쌓는 단계로 악화되어 결국은 파멸의 길로 들어서게 만듭니다.

"저 사람 때문에 못 살겠다."
"저 사람은 근본적으로 구제 불능한 사람이다."
"저 사람 때문에 우리 결혼이 이렇게 깨져 버렸다."
그러고는 더 이상 아무 말도 하지 않는 무관심의 단계로 악화되어 갑니다. 대부분 갈등 구조 속에 들어간 부부들의 말을 들으면서 그분들의 말이 매우 거칠고, 흐트러져 있다는 사실을 발견했습니다.

부산 청소년상담소의 조사에 의하면 자녀가 싫어하는 말은 여덟 가지 유형이 있습니다.

"나가 버려!" 거부하는 말

"네 형은 안 그러는데 너는 왜 그 모양이냐?" 비교하는 말

"다시 한 번 그 짓 하면 그냥 안 둔다." 위협하는 말

"답답해 죽겠다." 재촉하는 말

"엄마는 화내고 싶어서 화내는 줄 아니?" 변명하는 말

"너는 정말 어쩔 수 없다." 가능성을 부정하는 말

"너는 왜 그렇게 머리가 나쁘니?" 결점을 비난하는 말

"너는 몰라도 돼!" 무시하는 말

자녀가 가장 싫어하는 말은 남과 비교하고, 거부하는 말이라는 것을 알 수 있습니다. 말은 칼보다 더 무서운 상처를 줄 수 있습니다. 칼은 육체에 상처를 남기지만 말은 영혼에 상처를 남기기 때문입니다. 이제는 천사의 방언으로 말해야 합니다.

"고마워요." "사랑해요." "너는 자랑스러운 내 아들이다. 너는 아빠의 자랑스러운 딸이란다." 인정하는 말

"사람은 누구나 다 실수할 수 있는 거란다." 위로하는 말

"내가 잘못했다." "미안해요." 책임지는 말

"나는 너를 믿는다." 가능성을 믿는 말

"그래, 우리 실망하지 말고 다시 해 보자." 격려하는 말

"나는 너를 절대로 포기하지 않는다." 신뢰하는 말

천사의 방언은 막힌 담을 헐고 삶의 긴장을 풀어 주며, 하루를 의미 있고 행복하게 합니다. 천사의 방언은 자존감을 높여 주고 삶의 의욕을 북돋아 주며 심령을 치유합니다. 천사의 방언이 오고 가는 가정, 그곳이 바로 하나님의 가정입니다.

승자와 패자

승자는 실수했을 때 "내가 잘못했다."고 말합니다.

패자는 실수했을 때 "너 때문에……."라고 말합니다.

승자는 넘어지면 일어나 앞을 보고,

패자는 넘어지면 뒤를 봅니다.

승자는 패자보다 더 열심히 일하지만 여유가 있고,

패자는 승자보다 게으르지만 늘 바쁘다고 말합니다.

승자는 과정을 소중히 생각하지만,

패자는 결과에만 매달려 삽니다.

승자는 순간마다 성취의 만족을 경험하고,

패자는 영원히 성취감을 맛보지 못합니다.

승자는 넘어지면 일어서는 기쁨을 알고,

패자는 넘어지면 재수를 탓합니다.

승자의 주머니 속엔 꿈이 있고,

패자의 주머니 속엔 욕심이 있습니다.

승자가 즐겨 쓰는 말은 "다시 한 번 해 보자."이고,

패자가 자주 쓰는 말은 "해 봐야 별 볼 일 없다."입니다.

승자는 달려가면서 계산합니다.

패자는 출발도 하기 전에 계산부터 합니다.

승자는 다른 길도 있으리라 생각합니다.

패자는 길이 오직 하나뿐이라고 고집합니다.

승자는 몸을 바치고,

패자는 혀를 바칩니다.

유태인의 경전 '디 아스포라' 중에서

phrase 우리가 다 실수가 많으니 만일 말에 실수가 없는 자면 곧 온전한 사람이라 능히 온 몸도 굴레 씌우리라. 야고보서 3:2

prayer 내 입술에 파수꾼을 세워 주세요. 비난과 멸시의 말을 버리고 승리의 언어, 생명의 언어를 사용하도록 인도하소서.

사랑과 감사를 표현하라

"여보, 이번 달엔 20만 원이 비었네요?"

막 퇴근하고 현관 문을 열고 들어서는 나에게 아내가 다짜고짜 한 말이었습니다. 나는 아내의 말에 갑자가 짜증이 났습니다. 바깥일로 쌓인 스트레스가 이 말 한마디에 한꺼번에 풀려온 듯 벌컥 화가 났습니다.

"아니 내가 뭐 개인적으로 쓰기라도 했다는 거요?"

내 입에서는 대답이 거칠게 나갔습니다.

"아니 그게 아니고요. 오늘 은행에 들어온 당신 월급을 찾다 보니 지난달보다 20만 원이 줄어서 하는 이야기에요. 뭘 그걸 가지고 그렇게 화를 내세요?"

"화를 내긴 누가 화를 냈다고 그래. 내가 무슨 화가 났어?"

하지만 마음은 이미 상해 있었습니다. 나는 더 이상 아내와 얼굴을 마주하고 싶지 않아 방으로 들어가 텔레비전을 크게 켜 놓고 앉았습니다.

"저녁 드세요, 여보!"

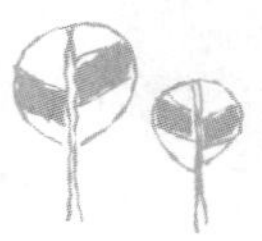

아내의 말이 몇 번 거듭된 후에야 마지못해 식탁에 앉았습니다. 아내는 정성껏 식사를 준비해서 내가 좋아하는 몇 가지의 나물과 신선한 야채를 준비하고 삼계탕까지 준비했지만, 나는 먹는 둥 마는 둥 하고 식탁에서 일어서고 말았습니다. 아내는 내가 그렇게 좋아하는 것들을 제대로 먹지도 않고 자리에서 일어나자 이상한 듯 물었습니다.

"여보 왜 맛이 없어요?"

"아니, 그냥 입맛이 없어서 그래."

그러고는 혼자 방으로 들어와 버렸습니다. 그날 밤은 정말 썰렁한 분위기가 되고 말았습니다. 나는 속으로 분을 삭이며 골똘히 생각했습니다.

'아니 남편이 한 달 동안 열심히 일해서 봉급을 갖다 주었으면 고맙다고 해야 하는 거 아니야? 그런데 고맙다는 말을 하기는커녕, 뭐 20만 원이 비었다고? 야, 내가 뭐 딴 짓이라도 했단 이야기냐? 결혼 축의금 등 경조비 지출이 특히 많아서 그렇게 된 것을 가지고 따지

긴 뭘 따져!'

생각하면 할수록 마음이 상하고 기분이 가라앉았습니다. 그러고 보니, 그 전에 월급봉투를 가져다주었을 때, 늘 아내가 해 주었던 말이 생각났습니다.

"여보 고마워요. 수고하셨어요."

하지만 언젠가부터 월급봉투가 사라지고 월급이 은행 계좌로 송금 되면서부터는 '감사'가 사라지고 말았습니다. 월급을 받았는지 어쨌는지 모르고 지나가는 때도 있었습니다.

"여보, 지난 한 달 수고하셨어요. 고마워요. 요즘, 다들 어렵다고 하는데, 정말 애쓰셨어요. 당신이 있으니까 당신 회사는 끄떡없을 거예요."

아내가 내게 이렇게 말했다면 아마 전혀 다른 상황이 벌어졌을 것입니다.

"오늘 은행에 가서 돈 찾았어요. 지난달엔 회사의 경조사가 많았나 봐요?"

혹은 이렇게 가볍게 물었다면, 나는 분명 자초지종을 설명했을 것이고, 아내가 차린 풍성한 식탁을 감사하며 즐겼을 것입니다. 또 귀한 음식을 대접해 준 아내에게 감사했을 것입니다. 그랬다면 우리 부부는 그날 밤 어느 날보다 행복이 넘치는 시간을 보낼 수 있었을 것입니다.

호주의 아버지학교에서 있었던 일입니다. 아버지학교는 첫째 날, 아내와 자녀를 안아 주면서 사랑한다고 고백하기를 숙제로 내 줍니다. 그때 한 경상도 출신의 아버지가 참석을 하셨는데, 그분은 결혼한 지 23년이 되신 분이었습니다. 23년 동안 한 번도 아내에게 "사랑한다."라는 말을 해 준 적이 없었고, 아내를 안아 준 적도 없다고 했습니다.

그분의 지론은, "남자가 그런 이야기를 어떻게 남세스럽게 할 수 있느냐?"라는 것이었습니다. "아니, 내가 23년 동안 돈 벌어다 주고, 집 사 주고 먹여 살리고 아직까지 살고 있으면 그것이 사랑이지, 뭘 그걸 꼭 말로 해야 하느냐?" 하고 주장하는데, 더구나 아내를 안아 준다는 것은 상상할 수도 없는 일이었습니다.

첫날 아버지학교를 마치고 돌아갈 때, 그분은 숙제를 받아 들고 아주 난감해 했습니다. 숙제를 안 하면 졸업하기가 어렵다는 엄포성의 권면도 들었고, "아버지가 숙제를 하면서 모범을 보여야지 자녀들에게 숙제를 하라고 이야기할 수 있지 않느냐?"라는 진행자의 말에 신경이 쓰여서 이 난국을 어떻게 타개할까? 고민하며 집으로 돌아갔습니다.

집에 도착하니 마침 아내가 부엌 싱크대에서 일을 하고 있었습니다. 그래서 그분은 마침 잘됐다는 생각이 들어, 살금살금 아내에게로 다가갔습니다. 그러고는 아내를 등 뒤에서 엉거주춤 안으며 어색하게 말했습니다.

“여보, 사랑해!”

23년 동안 전혀 들어 보지도 못했고 경험하지 못했던 남편의 포옹과 사랑 고백을 들은 아내는 깜짝 놀랐습니다.

“아니 여보 이거 무슨 짓이야!”

“응, 이거 숙제야!”

그분이 당황해서 한 말에, 아내는 말했습니다.

“응, 그러면 그렇지!”

그러면서도 아내는 행복해 하더라는 것입니다. 그 다음 날 그분은 평소보다 좀 일찍 집에 돌아왔습니다. 아내가 반가운 얼굴로 마중을 나와 있었습니다. 그분은 이번에는 정면에서 꼭 안으면서 말했습니다.

“여보 사랑해!”

아내는 그 말을 들으면서 떨어질 줄 모르고 품에 꼭 안겨 있더라는 것입니다.

“여보, 이번엔 진짜야!”

그랬더니 아내의 눈에서 눈물이 죽 흐르더라는 것입니다.

아내의 눈에서 흘러내리는 눈물을 보면서 가슴이 미어지는 것 같았다고 합니다. 아내의 모습을 보며 그분도 함께 울었다고 합니다.

‘도대체 나는 23년 동안 무엇을 하면서 살았는가? 사랑한다는 말 한 번 해 주지 못하고……. 도대체 지난 23년간 아내에게 나란 존재는 어떤 존재였을까?’

이런 생각을 하면서 자신도 울었다는 것입니다.

사랑한다는 표현을 해야 합니다. "울리지 않는 종은 종이 아니다."는 말이 있습니다. 사랑은 표현할 때 사랑입니다. 감사는 표현할 때 감사입니다.

창세기를 보면 이 땅에는 두 가지의 공동체가 있다고 말합니다. 하나는 생명나무의 공동체이며, 또 하나는 선악과의 공동체입니다. 생명나무의 공동체는 사랑과 감사가 넘치는 공동체입니다. 선악과의 공동체는 미움과 다툼, 그리고 비난과 시기로 가득 찬 공동체입니다.

가정에 사랑이 넘쳐야 합니다. 가정에 감사가 넘쳐야 합니다. 평소에 사랑과 감사가 넘치는 가정은 어떤 갈등이 와도 능히 이를 극복할 수 있습니다.

특히 여성은 청각 지향적이며, 촉각 지향적입니다. 그래서 남편이 아내에게 사랑한다는 말을 해 주는 것이 매우 중요합니다. "사랑한다."고 고백하면서 꼭 안아 주는 것은 금상첨화입니다.

아내는 남편에게 "고맙다."는 말을 많이 해 주십시오. 그것은 남편이 자신에게 중요한 존재임을 확인시키는 코드이기 때문입니다. "여보 고마워요!"라는 말은 남자에게는 "여보 당신은 내게 아주 중요한 사람이에요."라는 의미기도 합니다. 가정에서 부부가 평소에 작은 일에 서로 사랑을 표현하고 서로에게 감사를 전하는 훈련을 하는 것이 매우 중요합니다.

출근하는 남편에게 "사랑해요, 여보. 오늘도 힘들 텐데 또 우리를 위해서 이렇게 열심히 일해 줘서 고마워요."라고 말하십시오. 출근하는 남편은 아내에게 "여보 사랑해요. 오늘도 아이들 돌보랴 집안 살림하랴 힘들겠소. 고마워요."라고 말하면서 가볍게 안아 주거나 손을 꼭 잡아 준다면 서로가 서로에게 즐거운 하루를 시작할 수 있도록 격려하는 것입니다.

퇴근해서 돌아오는 남편에게, 아내가 "여보 사랑해요. 오늘도 힘드셨지요? 고마워요. 당신 때문에 오늘도 저는 평안할 수 있었어요. 고마워요. 여보."라고 말할 수 있다면 매우 행복한 저녁이 시작될 것입니다. 남편도 역시 "여보, 사랑해요. 당신 집안 살림 하느라 애들 돌보느라 애 썼지요? 고마워요."라고 말하면서 꼭 안아 주거나 손을 꼭 잡아 준다면 행복한 저녁이 계속될 것입니다.

아내가 하루 일을 이야길 할 때도 들어주면서, 예를 들면 시댁에 갔다 왔거나, 전화를 걸어 안부를 물은 이야기를 한다면, 남편이 "여보 고마워요. 당신이 그렇게 어머님께 관심을 가져 줘서."라고 말하고, 식사를 하면서도, "여보 이거 만드느라 힘들었지? 정말 맛있게 잘 먹었어요. 고마워요. 그래서 내가 늘 건강한 가 봐."라고 말한다면 얼마나 좋을까요?

모처럼 설거지 해 주는 남편이나, 밥 먹고 자리를 정돈해 주는 남편에게, "여보 고마워요. 당신이 이렇게 도와줘서 난 정말 행복해요."라고 말해 준다면 얼마나 좋을까요? 사랑과 감사의 표현과 행동이 있는 가정, 그런 가정이 생명나무의 공동체입니다.

phrase 모든 겸손과 온유로 하고 오래 참음으로 사랑 가운데서 서로 용납하고 평안의 매는 줄로 성령의 하나되게 하신 것을 힘써 지키라. 에베소서 4:2-3

prayer 늘 사랑과 감사를 표현하는 사람이 되게 해 주세요. 우리 가정이 미움과 다툼의 선악과의 공동체가 아닌, 사랑과 감사가 넘쳐나는 생명나무의 공동체가 되게 하소서.

비밀을 없애라

사랑에는 세 가지 종류가 있습니다. 열정적인 사랑, 친밀한 사랑, 헌신적인 사랑입니다.

열정적인 사랑은 에로스의 사랑입니다. 어쩌면 우리 사랑의 시작은 에로스의 사랑으로부터 시작되는지 모르겠습니다. 눈만 마주쳐도 가슴이 두근두근 설렙니다. 같이 있어도 보고 싶은, 그래서 서로에게 끌리는 사랑, 이것이 에로스 사랑입니다.

하지만 실제로 결혼을 유지시키는 것은 헌신적인 사랑입니다. 아가페의 사랑입니다. 사랑스러울 때뿐만 아니라, 사랑스럽지 않을 때에도 사랑하는 것이 헌신입니다. 오직 한 사람을 위해 나머지 25억의 여자 또는 남자를 포기하는 것이 헌신입니다. 도저히 용서할 수 없는 일을 저질러도 용서하는 것이 헌신입니다. 장점뿐만 아니라 약점도 사랑하는 것이 헌신입니다. 건강할 때뿐만 아니라 병들었을 때에도, 부요할 때뿐만 아니라 가난할 때에도 사랑하는 것이 헌신입니다. 그것을 언약이라고 말하기도 합니다. 에로스 사랑과 헌신적인 사랑은 결혼의 시작이며 끝입니다.

또한 우리의 결혼을 풍성하게 만드는 것은 친밀한 사랑입니다. 친밀감은 서로가 서로에게 솔직해질 때, 즉 서로가 서로를 신뢰할 수 있을 때 생기는 감정입니다. 오랜 만남 가운데, 미운 정과 고운 정을 나누면서 형성되는 것이 친밀감입니다. 다정한 친구들이 나누는 사랑입니다. 벌거벗었으나 부끄러움이 없는 사랑이 친밀한 사랑입니다.

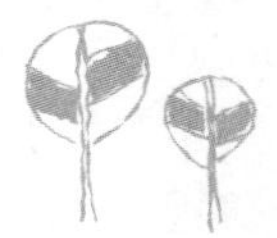

40대 후반의 부부가 있었습니다. 두 사람 다 직업을 갖고 있는 엘리트 가정이었습니다. 아내는 전문직에 종사하면서 남편보다 더 좋은 환경 속에서 근무를 하고 있었고, 남편도 괜찮은 회사의 중견 간부로서 아주 성실하게 살아가고 있었습니다. 자녀도 둘이 있었는데, 아무 문제없이 공부도 잘하고 건강했습니다. 남 보기에는 전혀 문제가 없는 아주 단란한 가정이었습니다.

하지만 문제가 터진 것은 남편이 아내 몰래 증권 투자를 하다가 결국 집을 날려 버리는 사고가 난 후였습니다. 그 일로 이 부부는 대판 싸움을 벌였고, 결국 두 사람이 주머니를 따로 차고 있었다는 사실이 드러나고 말았습니다. 두 사람이 서로 재정 문제를 열어 두지 않았던 것, 문제는 바로 거기에 있었습니다.

지금 우리는 경제적으로 어려운 때를 지나고 있습니다. 어려운 때일수록 부부의 주머니를 하나로 모아야 합니다. 서로의 주머니에 대해 솔직해져야 합니다. 요즈음 젊은 맞벌이 부부에게서 흔히 볼 수 있는 현상은 각자의 주머니를 각자가 관리하는 것입니다. 하지만 이것은 '너 벌어서 너 쓰고, 나 벌어서 나 쓰는 식'의 아주 위험한 발상입니다. 재정에 비밀이 없어야 합니다. 부부 사이에 투명한 재정, 그것이 위기를 극복하는 길이며 행복의 지름길입니다.

"주머니가 회개해야 진정한 회개가 이루어진다."는 말이 있습니다. 부부 사이에는 비밀이 없어야 합니다. 비밀이 많은 가정은 불행한 가정입니다. 위기가 닥쳤을 때 대처할 능력이 없는 가정입니다. 그것이 친밀한 사랑의 기본입니다.

하지만 비밀을 무조건 이야기하고 보는 것이 오히려 부부의 친밀감을 깰 수도 있습니다.

어느 날, 한 자매가 상담을 요청해 왔습니다. 그 자매는 한참을 머뭇머뭇거리다 말문을 열었습니다.

"장로님, 부끄러운 이야기지만, 어떻게 하면 좋지요?"

그녀는 어렸을 때, 친척 오빠로부터 성폭행을 당한 적이 있었습니다. 그 상처로 인해 남편의 사랑을 계속 확인받아야 마음이 놓이는 일종의 강박 증세를 일으키고 있었습니다. 남편이 조금만 눈을 주지 않아도 남편을 들볶는 일이 많았습니다. 남편은 그런 아내의 태도에 부담을 느끼고 자꾸 늦게 귀가하고, 접대를 핑계로 해외여행을 다니는 등 집을 비우는 일이 잦아졌습니다.

그럴수록 그 자매는 더 큰 불안을 느껴 더욱 남편을 옥죄었습니다. 그로 인해 갈등이 커지자, 결국 상담소를 찾아 상담을 다니기 시작했습니다. 그런데 상담하시는 분이 그 자매님께 이렇게 권면했다고 합니다.

"그 일은 자매님의 잘못이 아니니, 남편에게 솔직히 고백해서 그 문제에서 자유함을 누리는 것이 좋겠습니다. 그래야만 치유받을 수 있어요."

순진한 아내는 그날 곧바로 남편에게 어렸을 때 일어난 일에 대해 고백을 했습니다. 갑작스럽게 아내에게 충격적인 고백을 들은 남편은 아내를 가만히 보다가 신음하듯이 말했습니다.

"음, 그랬구나. 알았어, 내가 이해할게."

그래서 아내는 문제가 해결된 줄 알았습니다. 하지만 이해한다던 남편은 말수가 줄어들기 시작하더니 나중에는 잠자리조차 같이하지 않았습니다. 자기를 자꾸 피하려 든다는 것입니다. 그리고 최근에는 노골적으로 잠시 별거하는 것이 어떻겠느냐는 제안을 했다고 합니다. 참 딱한 일이었습니다.

상담원의 상담 내용에는 잘못된 것이 없습니다. 당연히 부부의 진정한 연합을 위해서는 비밀이 없어야 하며, 잘못 또는 아픔을 고백해야 합니다. 부부는 치유 공동체이기 때문입니다. 문제는 남편이 그 고백을 수용할 수 있는 능력이 있느냐는 점입니다.

시기와 장소가 중요합니다. 남편이 그 고백을 듣고도 용납하고 이해할 수 있는 성숙함을 가질 수 있도록 기도하면서 준비해야 합니다. 그리고 자신의 문제는 하나님 앞에 나아가 그 짐을 풀어 놓고, 끊임없이 말씀으로 위로받고 치유받으면서 때를 기다려야 합니다. 매우 영적인 일이라, 오랜 시간의 준비가 필요합니다. 상담자나 비밀을 지켜 줄 수 있는 친한 영적인 후원자들의 중보가 필요한 일입니다.

그 부부의 경우, 결국 남편의 이혼 요구로 문제를 해결하지 못한 채 각자의 길을 가고 말았습니다. 참 애석한 일입니다. 지혜롭지 못한 친밀한 접근이 결국 두 사람을 갈라놓고 말았습니다.

진정한 연합을 위해서는 친밀감이 쌓여야 합니다. 친밀감을 쌓기 위해서는 부부 사이에 비밀이 없어야 합니다. 두 사람이 모든 일을 서로 공개하면서 살아가는 것이 그 지름길입니다.

하지만 필요할 때는 길을 돌아가는 것도 지혜입니다. 모든 문제를 고백하는 용기도 중요하지만 모든 일을 고백할 수 있도록 서로 배려하고 용납하는 것은 더 큰 용기입니다. 배우자가 일단 고백한 사실에 대해서는 받아들이고 용서해야 합니다. 가정은 용서 공동체이며 치유 공동체이기 때문입니다. 용서와 치유가 있는 가정이 행복한 가정입니다.

phrase 이러므로 남자가 부모를 떠나 그 아내와 연합하여 둘이 한 몸을 이룰지로다 창세기 2:24

prayer 우리 부부가 벌거벗었으나 서로 부끄러워하지 않는 친밀함을 허락해 주세요. 서로의 허물을 덮어 용납하고 하나되는 축복을 허락하소서.

아낌없이 칭찬하라

"빌, 잘 자라. 세계가 너를 기다리고 있단다."

늘 이 말을 요람에서 듣고 자란 어린아이가 있었습니다. 그는 나중에 성장해서 19세기 중엽 영적으로, 도덕적으로 타락해 가던 영국을 구원해 낸 위대한 신앙인, 구세군의 창시자 윌리암 부스였습니다. 그가 은퇴하는 날, 그의 마지막 설교를 듣기 위해 많은 사람이 모였습니다. 이미 나이가 많아 거동이 불편한 그에게 그의 보좌관이 물었습니다.

"대장님, 말씀을 전하실 수 있겠습니까?"

"암, 할 수 있고말고!"

그는 두 팔을 벌리며 말했습니다.

"아직도 저 군중 너머 내가 할 일이 있어. 주님이 맡겨 주신 일이 많거든. 이제부터 일할 때야."

아마 그때 그는 요람에서부터 듣고 자랐던 어머니의 말씀을 기억했는지 모릅니다. 어머니의 말씀처럼 그를 기다리고 있는 세계를 위해 그는 자신의 전 생애를 바쳤던 것입니다.

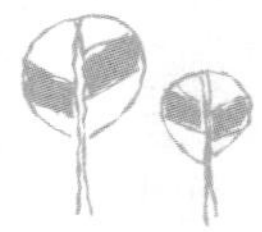

"다른 사람들을 위하여……."

그가 숨을 거두기 전에 남긴 말은 유명합니다. 그는 자신을 기다리고 있던 사람들을 향한 사랑이 지극했던 사람이었습니다.

인간은 하나님의 형상을 닮았습니다. 하나님의 형상을 닮았다는 것 중의 하나는 언어를 사용할 수 있다는 것입니다. 하나님은 태초에 말씀으로 존재하셨습니다. 말씀으로 천지를 창조하셨습니다. 말씀으로 천지를 다스리셨습니다. 말씀으로 천지를 유지하고 계십니다.

언어의 세계는 하나님의 세계입니다. 말씀은 창조의 능력이 있습니다. 말씀은 현실을 빚어냅니다. 우리말에도 "말이 씨가 된다."는 말이 있습니다. 그만큼 말은 사람의 미래를 결정할 수 있을 만큼 큰 힘이 있습니다.

"그들에게 이르기를 여호와의 말씀에 나의 삶을 가리켜 맹세하노

라 너희 말이 내 귀에 들린대로 내가 너희에게 행하리니"민수기 14:28

가정은 생명이 자라는 곳입니다. 생명이 자라기 위해서는 생명의 언어를 사용해야 합니다. 생명의 언어가 있는 곳에서는 생명이 성장하는 축복이 있습니다. 하지만 죽음의 언어가 있는 곳에서는 죽음의 씨앗이 뿌려집니다.

몇 년 전 부모를 망치로 살해한 대학생이 있었습니다. 최고의 대학을 나온 부모님, 남들이 보기에는 부족할 것이 없어 보이는 가정이었습니다. 하지만 그 가정을 붙잡고 있었던 것은 죽음의 언어, 저주의 언어였습니다.
"병신 같은 자식!"
"이 세상에 아무짝에도 쓸모없는 자식!"
그런 말을 듣고 자란 아들의 마음속에는 얼마나 많은 가시가 생겼을까요? 그 아들은 부모가 뿌린 말대로 결국 이 세상에 아무짝에도 쓸모없는 짓을 하고 말았습니다.

자녀의 모습은 어쩌면 부모의 말이 빚어낸 작품일지도 모릅니다. 내가 존경하고 좋아하는 목사님이 한 분 계십니다. 그는 요즘 말로 하면 뜨는 목사님이십니다. 젊지만 설교와 강의를 얼마나 잘하시는지 모릅니다. 그분의 말씀 속에서 생명의 씨앗이 자라는 것을 느낍니다.

하루는 내가 그분께 물었습니다.

"목사님, 혹시 목사님의 아버님이 하신 말씀 중에 지금까지 목사님께 영향력을 미치고 있는 말씀이 있습니까?"

"저희 아버님은 어렸을 때부터 제가 무슨 만화책이나 동화책을 읽고 이야기를 하면 그 이야기를 늘 귀담아 들으시고 이렇게 칭찬해 주셨습니다. '참 재미있다. 어쩌면 그렇게 재미있게 이야기를 잘하니? 넌 대학교수보다 더 잘한다!' 그래서 저는 다른 사람들이나 어른들 앞에서 이야기하는 것을 두려워했던 적이 한 번도 없었습니다. '아버지가 좋아하시는 이야기니까, 이분들도 다 좋아할 거야.' 하고 생각했지요. 그래서 저도 모르는 사이에 재능을 개발하게 된 것 같습니다."

"아버님은 무엇을 하시는 분이셨습니까?"

"저희 아버님도 목사님이셨습니다."

"그럼 아버님을 닮으셔서 그렇게 말씀을 잘 전하시는군요."

그랬더니 의외의 대답이 나왔습니다.

"아니요, 저희 아버님은 말씀이 어눌하신 분이셨습니다. 그래서 중도에 목회를 포기하셨습니다."

이 말을 듣고 다시 한 번 언어의 능력을 실감했습니다. 본인은 말이 어눌해서 목회를 포기할 정도였지만, 자신의 아들에게는 칭찬과 격려의 말을 끊임없이 해 주어 그 아들이 생명의 언어를 가진 대설

교자가 되도록 했던 것입니다.

자녀는 부모님이 비춰 주는 거울을 통해 자신의 자아상을 형성해 나갑니다.

"너는 죽었다 깨어나도 못해!"

"또 그런 짓을 했니? 난 너한테 아주 질렸다."

"네가 하는 짓이 늘 그렇지 뭘"

"넌 도대체 틀려먹었어. 네까짓 게 뭘 안다고 그래?"

"차라리 너는 세상에 태어나지 말았어야 했어."

"너 그렇게 하다가는 이다음에 깡통 차기에 똑 알맞다."

"야 내 눈 앞에서 썩 꺼져 버려. 너만 보면 열 받는다."

"넌 어째 네 동생보다 못하니? 네 동생 반만 닮아 봐라."

"너 도대체 언제 사람 될래?"

이런 말을 듣고 자란 아이들의 마음은 열등감과 수치감, 거절감, 죄책감, 분노, 두려움으로 가득 찰 것입니다. 결국 그 상처 때문에 왜곡된 자아상을 껴안고 평생을 힘들게 살아가게 될지도 모릅니다. 자신을 학대하고, 그 상처를 돕는 배필과 자녀에게 그대로 반영될 게 뻔합니다. 당연히 행복한 가정을 세우기가 어려울 것입니다.

"여보 사랑해, 여보 고마워."

"너는 나의 기쁨이요, 자랑이란다."

행복한 가정은 행복한 언어로 세워집니다.

phrase 의인의 입은 생명의 샘이라도, 악인의 입은 독을 머금었느니라
잠언 10:11

prayer 나의 입이 생명의 샘이 되길 소망합니다. 나의 입에서 뿜어져
나온 독으로 가득 찬 말을 회개하오니 이로 인해 상처받았을 나의 돕
는 배필과 자녀를 돌보시고 그 상처를 치유해 주소서.

손잡고 기도하라

"하나님 아버지, 우리 부부가 오늘 처음으로 이렇게 손을 잡고 기도합니다. 저희 부부가 그동안 고통과 아픔 속에서 살아왔던 것, 아시지요? 그동안 제가 잘못하여 아내에게 깊은 상처를 주었습니다. 저의 죄를 용서하시고, 아내를 치유해 주세요. 이제 우리 둘이 하나되어 우리 가정을 먼저 회복하고, 하나님이 맡겨 주신 사명을 잘 감당할 수 있도록 인도해 주시옵소서."

이것이 저희 부부가 함께 손을 잡고 드린 첫 번째 기도의 내용이었습니다. 내 눈에서는 눈물이 비 오듯 떨어졌고, 아내도 눈물을 흘리고 있었습니다. 그렇게 저희 부부의 가정 사역은 시작되었습니다.

하지만 사역을 시작하면서 우리 부부는 문제를 똑바로 보아야 했습니다. 본격적인 싸움이 시작되었던 것입니다.

"이젠 진짜 그만두자. 난 지쳤다. 이럴 바에야 헤어지는 것이 차라리 낫겠다."

교회 가는 길에 차 안에서 싸우고, 주차할 때까지 얼굴이 벌겋게

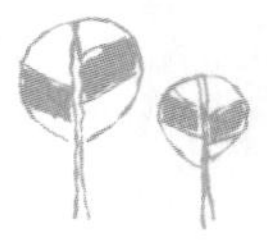

화를 내다가도 교회에는 다정하게 들어가야 했습니다.

'우리는 가정 사역을 하는 사람인데…….'

남에게 그런 모습을 보일 수는 없었습니다.

정말 힘든 일이었습니다. 그때마다 나는 교회의 조용한 공간을 찾아 기도했고, 나 자신을 십자가에 못 박는 훈련을 했습니다.

그리고 집에 돌아가서는 잠자리에 들기 전 약속한 대로, 습관대로 둘이 손을 잡고 기도했습니다. 정말 어색하고 힘들었습니다.

아내는 너무 힘들 때는 고개를 돌리고 손만 내밀 정도였습니다. 하지만 억울한 감정, 분한 감정, 아픈 감정은 둘이 함께 손잡고 기도하면서 녹아내리기 시작했습니다.

"하나님 아버지, 제가 잘못했습니다. 제가 진짜 죄인입니다. 저 때문에 제 아내가 이렇게 힘들어 하고 있습니다. 저를 용서하시고, 아내를 긍휼히 여겨 주십시오. 상처받은 아내를 치유해 주옵소서."

참 신기한 일이었습니다. 기도하기 전에는 그렇게 아내의 행동이 못마땅했고 앙금이 가시지 않아 어정쩡했지만, 기도할 때는 어김없이 모든 것이 내 잘못임을 고백할 수밖에 없었습니다.

"분을 내어도 죄를 짓지 말며 해가 지도록 분을 품지 말고 마귀로 틈을 타지 못하게 하라"에베소서 4:26-27

다투고 분을 내고 섭섭한 마음을 털어 내기란 여간 어려운 것이 아닙니다. 그래서 세상 사람들은 이럴 때, "술 한 잔 하자!"고 합니다. 술기운을 빌어 털어 내자는 것입니다. 하지만 그것은 그때뿐입니다. 분위기는 그럴듯해질 수 있지만, 마음속 쓴 뿌리는 제거되지 않습니다.

두 사람이 함께 손을 잡고 기도하는 것, 그것이 최선의 해결 방법입니다. 두 사람이 손을 잡고 기도하는 곳에 예수님이 함께하시고, 성령님의 능력이 임합니다. 서로 다투어서 분위기가 냉랭하더라도 잠자리에 들기 전에 둘이 함께 기도하는 습관이 있다면 억지로라도 기도할 것입니다.

어떤 때는 정말 화가 나서 기도를 하지 않고 마루에 나가 혼자 기도하다가 드러누워 그냥 잠이 들었던 적이 있었습니다. 깨어 보니 아내는 이미 깊이 잠들어 있었습니다. 나는 아내 곁으로 슬며시 다가가서 아내의 손을 잡고 조용히 기도했습니다.

"하나님 아버지, 제가 이렇게 옹졸합니다. 저를 용서해 주옵소서. 아내를 긍휼히 여겨 주옵소서. 아내의 상처를 치유해 주옵소서."

참 신기한 일은 그렇게 기도하고 잠이 들면 잠도 잘 온다는 것입니다. 더 신기한 일은 그 다음 날 아침이면, 두 사람 다 지난 저녁에 무슨 일이 있었냐는 듯이 생기발랄한 모습으로 돌아온다는 것이었습니다. 그것이 기도의 능력이었습니다. 그 기도의 능력 앞에 우리를 괴롭히려는 어둠의 세력이 틈타지 못한다는 것을 깨달았습니다.

싸우고 난 다음, 또 어떤 일 때문에 마음이 상해서 말할 마음이 내키지 않더라고 반드시 잠들기 전에 두 사람이 손을 잡고 기도해야 합니다. 그것이 행복의 지름길입니다. 그곳에 주님이 함께하시기 때문입니다.

대화로 문제를 풀려고 할 때는, 문제는 풀릴지 모르지만 관계가 파괴될 수 있습니다. 하지만 두 사람이 함께 문제를 놓고 기도하면 관계가 회복되면서 문제가 풀립니다.

phrase 두세 사람이 내 이름으로 모인 곳에는 나도 그들 중에 있느니라. 마태복음 18:20

prayer 우리 부부가 늘 손잡고 기도하기를 소망합니다. 우리가 함께 기도할 때 연합의 기쁨을 맛보게 하시고 모든 문제가 주님 안에서 풀리는 축복을 허락하소서.

좋은 생각은 가시도 녹인다

생각이 바뀌면 상황이 바뀝니다.

그럴 수도 있다고 생각하기 한쪽 눈 감기:허물 덮어 주기

비교의식 벗어나기 문제 해결보다 관계를 우선하기 플러스 발상법 사용하기

그럴 수도 있다고 생각하기

인간은 죄인입니다. 우리 안에는 끝없이 죄에 대한 욕망이 꿈틀거리고 있습니다. 하나님은 아담에게 "선악을 알게 하는 나무의 실과는 절대로 따먹지 말라. 먹으면 정녕코 죽으리라"창세기 2:17고 경고하셨습니다. 하지만 하와는 뱀의 유혹에 넘어가 보암직도 하고 먹음직도 하고 지혜롭게 할 만큼 탐스럽게 생긴 선악과를 따먹었고, 인간은 이후 끝없는 죄의 소욕으로 고통을 당하고 있으며 자신의 잣대로 상대를 판단하기 시작했습니다.

전쟁의 역사를 보면, 몇몇 강대국은 세계 평화를 위한다는 구실로 많은 사람을 죽이고 있지만 대부분은 자국의 이익을 위한 것입니다. 내가 하면 로맨스요, 남이 하면 불륜입니다. 내가 마시면 약주요 남이 마시면 소주, 내가 하면 열정이고 남이 하면 혈기, 내가 하면 헌신이요 남이 하면 광신이라고 합니다. 모두가 자기가 옳다, 자기가 정의롭다고 외치고 있습니다. 무엇이 진정 옳은 것이고 무엇이 잘못된 것인지 혼란만 더 커지고 있습니다.

이것이 바로 죄의 결과입니다. 하나님은 이런 혼란스런 가치판단

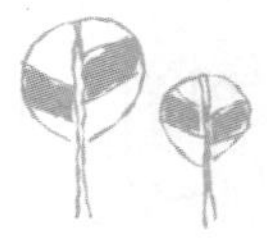

의 기준 때문에 인간에게 율법을 주셨습니다. 하지만 율법은 궁극적으로 죄를 기억나게 하는 것이지 생명을 주는 것은 아닙니다. 내 방식을 고집하고 내 잣대로 상대방을 지적하고 비판하는 것은 율법적인 삶입니다. 율법은 사람을 살리지 못합니다.

은혜가 사람을 살립니다. 가정은 율법으로 세워지지는 것이 아니라 은혜로 세워지는 것입니다. 은혜는 곧 용서입니다. 예수님은 3년 동안의 공생애를 통해 제자들과 동고동락하며 그들을 가르치고 삶을 나눴습니다. 골고다의 십자가를 지시기 전에 사랑하는 제자들을 데리고 겟세마네 동산으로 기도하러 가셨습니다. 기도를 하시다 제자들이 걱정되어 그들 곁으로 돌아왔을 때, 제자들은 피곤해서 잠이 든 상태였습니다. 하지만 예수님은 그들을 정죄하지 않으셨습니다. 만일 우리가 그런 일을 당했더라면 이렇게 말했을 것입니다.

"어떻게 너희들이 그럴 수가 있느냐? 내가 너희에게 그렇게 잘해 주었는데……."

하지만 예수님을 그러지 않으셨습니다.

"마음에는 원이로되 육신이 약하도다 하시고"^{마태복음 26:41}

이 말씀은 인간이기에 그럴 수도 있다는 용서를 뜻합니다. 채찍에 맞으시며 심문을 당하실 때, 베드로가 자신을 세 번이나 부인하는 모습을 보시면서도 예수님은 아무 말씀도 하지 않으셨습니다.

예수님이 부활하셨다는 소식을 듣고도 제자들은 옛날 삶의 터전으로 돌아가 고기를 잡고 있었습니다. 이런 제자들을 찾아가신 분은 바로 예수님이셨습니다. "그럴 수도 있지." 하시면서, 예수님은 고기를 잡지 못하고 있는 제자들에게 그물을 던질 곳을 가르치시고 고기를 구어 제자들을 초청하셨습니다. 요한복음 21장

"와서 조반을 먹으라."

예수님은 베드로에게 따지지 않으셨습니다.

"네가 그럴 수가 있냐? 다른 사람은 몰라도 너는 내 수제자인데 어찌 네가 나한테 그럴 수가 있냐?"

이렇게 말씀하시는 대신 조용히 물으셨습니다.

"네가 이 사람들보다 나를 더 사랑하느냐?"

베드로가 세 번을 부인했듯 세 번을 물으셨습니다. 이런 예수님 앞에 베드로는 고백합니다.

"내가 주를 사랑하는 줄 주께서 아시나이다."

베드로의 고백을 들으시고 예수님은 오히려 예수님의 사역을 위

임하셨습니다.

"내 어린 양을 먹이라."

이것이 사랑이요, 은혜입니다.

"저희가 조반 먹은 후에 예수께서 시몬 베드로에게 이르시되 요한의 아들 시몬아 네가 이 사람들보다 나를 더 사랑하느냐 하시니 가로되 주여 그러하외다 내가 주를 사랑하는 줄 주께서 아시나이다 가라사대 내 어린 양을 먹이라 하시고." 요한복음 21:12

연약하고 실수투성이인 아내와 남편과 자녀에게, "네가 어떻게 그럴 수가 있냐?"고 하지 마십시오. "그럴 수도 있지." 하면서 오히려 좋은 점을 칭찬하고 격려해 주십시오. 그곳에 변화가 있고, 치유와 회복이 있으며 성숙이 있습니다. 사랑은 허다한 허물을 덮습니다.

phrase 유순한 대답은 분노를 쉽게 하여도 과격한 말은 노를 격동하느니라. 잠언 15:1
온량한 혀는 곧 생명나무라도 패려한 혀는 마음을 상하게 하느니라. 잠언 15:4

prayer 우리 가정이 율법이 아닌 은혜로 세워지기를 소망합니다. 칭찬과 격려를 통해 치유받고 회복되는 은혜의 공동체가 되도록 인도해 주세요.

한쪽 눈 감기: 허물 덮어 주기

여자와 결혼에 관련된 세 가지 비밀이 무엇인지 아십니까?

첫 번째 비밀, 여자들이 결혼하는 이유는 무엇일까요? 사랑하기 때문일까요? 행복을 찾기 위해서 일까요? 다 맞는 말입니다. 하지만 진짜 이유는 따로 있습니다.

"분별력을 상실했기 때문입니다."

두 번째 비밀, 여자들이 이혼하는 이유는 무엇일까요? 분별력을 찾았기 때문일까요? 갈등 때문일까요? 다 일리가 있습니다. 하지만 진짜 이유는 따로 있습니다.

"인내력을 상실했기 때문입니다."

세 번째 비밀, 여자들이 재혼하는 이유는 그럼 다시 분별력을 상실해서일까요? 너무 외로워서일까요? 다 그럴 듯합니다. 하지만 진짜 이유는 따로 있습니다.

"기억력을 상실했기 때문입니다."

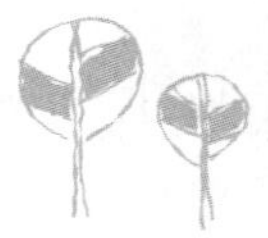

물론 웃자고 하는 소리지만, 말 속에 뼈가 있습니다. 처음에는 대개 친구 관계로 시작해서 연애 단계를 지나서 부부 관계로 갑니다. 그러다가 부모 관계 그리고 다시 친구 단계를 거쳐 동역자의 단계로 나아가는 과정을 밟습니다. 친구 단계를 지나 연애 단계에 들어서면 주위 사람들이 이렇게 말합니다.

"너, 연애하는구나?"

연애하면 얼굴이 붉어지고 가슴이 뛰고 안절부절못하고 잠을 이루지 못하고 식욕이 떨어집니다. 눈빛도 달라지며 생각도 변합니다. 만물이 다 아름다워 보이고 삶에 활력이 넘쳐흐릅니다. 사랑에 빠진 사람과 마약중독자의 뇌 활동이 놀라울 정도로 비슷하다고 합니다. 사랑에 빠진 사람이 연인이 없으면 슬퍼하며 탄식하는 현상은 중독자에게 마약을 주지 않을 때 일어나는 현상과 비슷하다고 합니다.

로버트 프라이어는 이렇게 말했습니다. "사랑에 빠졌을 때, 분비되는 세로토닌 등은 상대의 결점을 인식하지 못하게 해 사람을 눈멀게 만든다." 이때가 되면 뇌에서 화학물질이 마구 쏟아져 나와서 주위에서 아무리 이야기해도 소용이 없다는 것입니다. 하지만 이 호르몬의 농도가 높게 유지되는 것은 2년 정도라고 합니다. 짧게는 3개월이 지나면 사라진다고 합니다.

결혼 전, 연애 단계에서 분별력을 상실하는 것은 어쩌면 당연합니다. 실제로 결혼하는 이유는 분별력을 상실했기 때문이라는 말이 맞는지도 모르겠습니다.

열렬히 연애할 때는 두 눈을 아예 다 감고 그저 모든 것이 좋아 보이고 모든 것이 다 아름다워 보이기만 합니다. 말이 없고 무뚝뚝한 것은 무게가 있어 보여 마음에 들고, 좀 거칠고 난폭한 것도 남성적으로 보여 좋고, 대충대충 넘어가고 흐트러진 모습을 보여도 대범해 보여 좋습니다. 이래저래 좋아 보이기만 합니다.

조그만 일에 잘 토라져도 매력 있어 보이고, 늘 다소곳이 미소만 짓는 모습이 여성적이어서 좋아 보이고, 모든 것을 깔끔하게 맺고 끊는 것이 분명한 모습을 보면 너무 사랑스럽습니다. 화장을 짙게 하면 섹시해서 예쁘고, 화장을 안 하고 부스스한 모습도 자연스러워 보여 마음에 듭니다. 모든 것이 다 마음에 듭니다.

어느 소설가의 말처럼 사랑을 할 때는 환상 속에서 살아가는 것입니다. 그리고 결혼하면 다 잘 풀릴 것이라는 확신을 갖고 결혼을 합니다. 우리 둘 사이엔 아무런 문제도 일어날 것 같지 않습니다. 갈등하고 있는 부부들을 보면 뭘 그런 문제를 가지고 갈등하는지 이해가 가지 않습니다.

하지만 일단 부부 단계에 들어서면서부터 문제가 달라지기 시작합니다. 환상에서 벗어나 현실로 돌아오면서부터 감았던 눈을 다시 뜨고 나서부터 상대방의 약점이 눈에 들어오기 시작합니다. 말없이 무뚝뚝하기만 한 남편 때문에 답답해지기 시작합니다. 좀 거칠고 난폭한 남편과 함께 살면서부터 두려움이 앞서고, 남편이 때때로 내뱉는 거친 말에 큰 상처를 입기도 합니다. 대충대충 넘어가며 흐트러진 모습이 우유부단해 보이며 소망이 없어 보입니다. '아, 이 인간이 이런 인간이었구나!' 하는 생각이 들면, 때는 이미 늦었습니다.

잘 토라지는 아내 때문에 골치가 아프기 시작합니다. 다소곳이 미소만 짓던 모습이 이제는 답답하고 멍청해 보이기도 합니다. '다른 아내들처럼 좀 빠릿빠릿하게 도와주지 못하나?' 하는 불평도 나오기 시작합니다. 짙게 화장한 모습을 보면, '도대체 하는 일이라곤 자기 얼굴 가꾸는 것밖에 없구나.' 하는 생각이 들기도 하고, 부스스한 모습을 보면 짜증이 나기도 합니다. 매사에 똑 소리 나도록 맺고 끊는 모습을 보면, '이 여자 왜 이렇게 융통성이 없어?' 하는 마음이 들면서 아내의 말에 대꾸하기가 싫어 슬슬 피합니다.

문제는 이것입니다. 연애할 때는 두 눈을 다 감고 배우자를 고르고, 결혼한 다음에는 두 눈을 똑바로 뜨고 배우자를 요모조모로 분석한다는 것입니다. 자기의 잣대로 평가하고 자기의 기준으로 고치려고만 듭니다. 이것이 우리의 '죄성'입니다.

연애가 이미지라는 허상을 만나 사랑에 빠지는 것이라면 결혼은 실제 인격을 만나는 과정이며, 그 과정 속에서 허상을 벗어 버리고 두 사람이 함께 실상을 만들어 가는 것입니다. 이 과정에 반드시 필요한 것이 있습니다.

이제 한쪽 눈을 감는 일입니다. 결점을 보지 말아야 합니다. 결점 없는 인간은 없습니다. 실수하지 않는 인간은 없습니다. 그것은 인간의 실존이며 속성입니다. 고린도전서 13장에서 사랑은 오래 참고 모든 것을 참으며 모든 것을 견딘다고 합니다. 참을 인忍자가 세 번 나오는 것을 보면 사랑의 진수는 참는 것입니다. 한 눈을 감아 주는 것, 그것이 참는 것입니다.

한 눈을 감는 것을 영어로 윙크wink라고 합니다. 윙크는 애교 어린 사랑의 표현이지만, 실수를 지적하지 않고 애정의 시선으로 보아 넘기는 것을 뜻하기도 합니다. 상대방이 실수할 때마다, 상대방으로부터 못마땅한 점이 발견될 때마다 애정 어린 시선으로 윙크를 보낸다면 얼마나 아름다울까요? 실수를 한 배우자도 실수로부터 자유함을 얻어 성장할 기회를 얻고 윙크를 보내는 자신도 더불어 성숙해 나갈 기회를 얻을 것입니다. 그래서 두 사람이 함께 변화와 성숙을 경험할 수 있을 것입니다.

이것이 진정한 변화이며 성숙입니다. 결혼은 미성숙에서 성숙으로 나가는 과정이기도 합니다. 우리 인격을 다듬으시려는 하나님의 계획이 담겨 있는 훈련의 장이기도 합니다.

결점은 지적하면 할수록 더욱 커집니다. 실수에서 자유하지 못한 사람은 더 큰 실수를 저지릅니다. 한 눈을 감는 일은 상대방을 실수에서 자유케 하는 일입니다. 격려입니다. 성숙의 지름길입니다. 배우자가 실수를 할 때 애정 어린 마음으로 윙크를 보냅시다.

phrase 사랑은 오래 참고 사랑은 온유하며 투기하는 자가 되지 아니하며 사랑은 자랑하지 아니하며 교만하지 아니하며 무례히 행치 아니하며 자기의 유익을 구치 아니하며 성내지 아니하며 악한 것을 생각지 아니하며 불의를 기뻐하지 아니하며 진리와 함께 기뻐하고 모든 것을 참으며 모든 것을 믿으며 모든 것을 바라며 모든 것을 견디느니라.
고린도전서 13:4-7

prayer 상대방의 실수나 잘못부터 꼬집어 내는 습관을 회개합니다. 상대방의 실수를 서로 용납하며 함께 성숙해 나갈 수 있도록 해 주세요.

비교의식 벗어나기

　　　　　　　　　1950년대 아이젠하워 대통령 시절, 미국은 인공위성 개발을 서두르면서 최첨단 과학 문명의 선두 주자라고 자부했습니다. 하지만 1957년 소련이 스푸트니크인공위성을 먼저 쏘아 올리면서 미국의 자존심은 여지없이 무너졌습니다. 국가 비상회의에서 지도자들은 교육 제도에 문제가 있다는 데 의견을 모았고, 미국 최초의 연방 교육법을 제정하기에 이르렀습니다.

　이 일을 주도한 분은 신실한 기독교인이었던 로버트 글러져 교수였습니다. 로버트 글러져 교수는 성경 말씀 중 달란트 비유를 인용하여 상대평가가 아닌 절대평가의 개념을 도입할 것을 주장했습니다. 상대평가는 마치 큰 화분에 여러 개의 꽃을 함께 심어 놓고, 동일하게 키우는 것과 같은 논리입니다. 만일 난과 채송화를 함께 심어 놓고 동일한 방법으로 키운다면 둘 중 하나는 죽을 것입니다. 절대평가는 개인의 특성과 자질을 존중하는 평가 방법입니다. 국어와 수학과 영어는 못해도, 예능을 잘할 수 있고 과학을 잘할 수도 있습니다. 그런 특성을 인정하는 방법이 절대평가입니다.

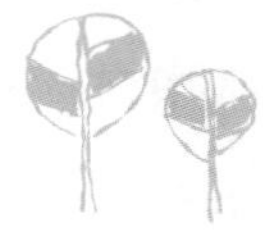

물론 교육에서는 집단의 평균치를 기준해 개인의 위치를 평가하는 상대평가도 필요합니다. 하지만 가정에서는 비교가 어디에도 도움이 되지 않습니다.

"너는 왜 동생보다 못하냐?"

"너, 언니 좀 닮아 봐라."

이 한마디에 자녀들 사이에 부모에 대한 어그러진 감정이 생길 수 있습니다. 특별히 부부관계에서 다른 사람과 비교하는 것은 분노를 불러일으키고 싸움의 발단이 되기 마련입니다.

아직 예수님을 만나기 전, 늘 늦게 들어오는 내게 아내가 말했습니다.

"내 친구 남편은 한 달에 한 번 영화도 함께 보러 가고, 일주일에 한 번 온 가족이 외식도 하고, 일주일에 적어도 두세 번은 일찍 들어와서 애들과 함께 놀아준다는데, 당신은 어떻게 허구한 날 이렇게 늦게 들어와요?"

이 말을 들었을 때 속으로는 조금 미안한 생각도 들었지만, 막상

입으로 튀어나온 말은 그게 아니었습니다.

"그래? 그럼 당신 그 사람한테 가서 살아 봐!"

결국 싸움이 나고 말았습니다. 아내들은 다른 좋은 사람들과 비교해서 말하면, 혹시 남편한테 "그래 알았소. 나도 다음부터는 그 사람처럼 일찍 들어올게." 하는 답변을 들을 줄 기대하고 있는지도 모릅니다. 하지만 그것은 위대한 착각(?)입니다. 다른 남자와 비교당하면서 기분 좋은 남편은 거의 없습니다.

남자들은 인정 욕구가 아주 강합니다. 아내가 인정해 주고 신뢰해 주고 칭찬해 줄 때 사랑을 느끼기 때문입니다. 반대로 아내가 다른 남자들과 비교해서 자기를 몰아세우거나 깎아내리면 큰 상처를 받고 분노합니다.

대부분 한국의 중년 남자들은 아버지로부터 칭찬과 인정을 받아 보지 못한 채 살아왔습니다. 더구나 학교에서는 상대평가 속에서 늘 비교당하며 깊은 열등감과 분노 속에서 자랐습니다. 그 가운데 부모님에게 겨우 들은 말이 "너 절대 기죽지 마라!"입니다. 하지만 이미 가정에서 시들기 시작한 기氣는 학교에서는 완전 회생 불가의 상태로 빠져 버리고 맙니다. 학교를 졸업한 다음 이제 비교당하는 것도 끝이겠지 했지만, 사회생활은 경쟁의 연속입니다. 남을 딛고 일어서야 내가 산다는 생각으로 남을 인정해 주거나 남에게 인정받지 못하고 살아온 세대입니다.

그런 남편들을 가정에서조차 다른 남자들과 비교하면서 더 잘할 것을 충고하고, 조언한다면 남편들은 또 무시당한다는 생각 때문에 분노에 휩싸이는 것입니다. 그 분노가 쌓이고 쌓여 언어 폭력과 육체적 폭력을 일으키기도 합니다.

인간은 모두가 죄인입니다. 죄를 지어서 죄인이 아니라, 죄인이기 때문에 끊임없이 죄를 짓고 죄에 빠집니다. 선악을 알게 하는 나무의 실과를 따먹은 결과입니다. 아담과 하와가 선악과를 따먹고 맨 처음 한 일은 자신들의 몸을 가리는 것이었습니다. 본격적인 비교가 시작되었습니다. 그 비교 의식은 시기와 질투의 감정을 불러일으켰고 결국 가인의 살인 사건으로 이어졌습니다.

"아벨의 제사만 받으시고 내 제사는 받지 않으시다니……! 아니, 이럴 수가 있어?"

하나님은 예배자로서 중심을 보시길 원하셨지만, 가인은 비교당하고 있다는 생각에 뼈가 썩는 분노를 느꼈습니다. 그래서 그는 결국 동생인 아벨을 죽였던 것입니다.

"네 아우 아벨이 어디 있느냐?"_{창세기 4:9}

하나님이 물으셨을 때 가인은 반항심에 휩싸일 뿐이었습니다.

"내가 알지 못하나이다. 내가 내 아우를 지키는 자이니까?"_{창세기 4:9}

어쩌면 그것은 "나는 비교당하는 것이 싫습니다!"라는 죄인의 외침인지도 모릅니다.

예수님은 비교하지 않으셨습니다. 다섯 달란트 가진 자는 다섯 달란트 가진 대로, 두 달란트 가진 자는 두 달란트 가진 대로 사용하셨습니다. 두 달란트 가진 자에게 왜 다섯 달란트 가진 자와 같이 남기지 못했느냐고 책망하지 않으셨고, 분량대로 칭찬해 주셨습니다. 다만 한 달란트를 가졌음에도 한 달란트도 남기지 못한 자는 꾸짖으셨습니다. 아마 한 달란트 가진 자의 마음속에는 이런 마음이 있었는지도 모르겠습니다.

'다른 사람은 다섯 달란트, 또 두 달란트를 주고 내겐 왜 한 달란트만 주는 거야? 이거 나를 무시하는 거 아니야?'

어쩌면 그 비교 의식이 마음을 사로잡아 그를 움직이지 못하게 했는지도 모릅니다. 돌아온 탕자의 비유에 나오는 큰형도 비교 의식에 사로잡혀 있었습니다. 동생이 살아서 돌아온 기쁨 때문에 아버지가 잔치를 베풀자 형은 분노합니다. "아버지께 대답하여 가로되 내가 여러 해 아버지를 섬겨 명을 어김이 없거늘 내게는 염소 새끼라도 주어 나와 내 벗으로 즐기게 하신 일이 없더니 아버지의 살림을 창기와 함께 먹어 버린 이 아들이 돌아오매 이를 위하여 살진 송아지를 잡으셨나이다"누가복음 15:29-30 이것이 인간의 죄성입니다.

행복은 비교하면서 얻는 것이 아니라, 존재의 인정에서 옵니다. 아내와 남편 그리고 자녀의 존재 자체를 인정해야 합니다. 공부 잘하는 이웃집 아들보다 말썽을 부리는 내 아들이 더 소중한 존재입니다. 늘 일찍 들어오고 일주일에 한 번 외식시켜 주고 한 달에 한 번 함께 영화도 보는 다른 집 남편보다, 좀 늦게 들어오고 무뚝뚝한 남편이 내겐 더 소중한 사람입니다. 몸매와 미모도 뛰어나고 거기다가 애교까지 넘치고 살림 잘하는 친구 아내보다, 펑퍼짐한 내 아내가 더 소중한 사람입니다.

"당신은 도대체 왜 그래?"

이 말 대신에 이렇게 말해 봅시다!

"당신은 정말 내 스타일이야. 누가 뭐래도 내겐 당신이 최고야!"

이런 말 속에 생명이 자라고 한 사람의 실존이 형성되고 살아가는 기쁨이 있습니다.

phrase 마음의 화평은 육신의 생명이나 시기는 뼈의 썩음이니라.
잠언 14:30

prayer 상대방이 가진 진정한 가치를 발견하기를 소망합니다. 그를 남과 비교하여 낙망케 하지 않고, 있는 그대로의 모습을 존중하게 하소서.

문제 해결보다 관계를 우선하기

성년이 된 송곳이 있었다. 송곳은 짝으로 망치를 생각해 보기도 하고 펜치도 생각해 보다가 마침내 건너편 송곳을 선택하게 되었다. 사랑에 빠진 두 송곳은 남들한테 자랑하곤 했다.

"이처럼 앞이 날씬하고 손잡이가 포근하고 섹시한 짝이 또 어디 있겠는가?"

그런데 어느 날, 두 송곳이 부부 싸움을 해 보니 이건 보통 문제가 아니었다. 서로가 서로를 찔러만 대니 상처투성이가 되고 만 것이다. 두 송곳은 연장 중에서 지혜가 높은 장도리를 찾아갔다.

"우리는 아무래도 헤어져야 할 것 같습니다. 서로 마주보고 덤비다가는 상처만 입으니까요."

장도리가 말했다.

"사랑은 서로 마주보는 것이 아니라 한방향을 함께 바라보고 사는 것입니다. 당신네 송곳 둘이 한 방향을 바라보고 뚫고 나간다면 서로가 서로에게 얼마나 큰 힘이 되겠습니까?"

동화 작가 정채봉 님의 글 중에서

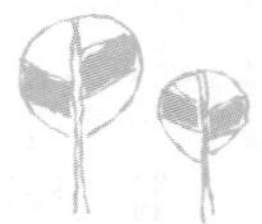

어느 날 한 자매님이 상담을 요청해 왔습니다. 그 자매와 남편은 대학 캠퍼스에서 만나 열렬하게 연애하고 결혼한 지 10년이 좀 지났다고 했습니다. 그런데 권태기가 왔는지 이제는 남편의 지친 얼굴, 무표정한 얼굴을 보면 자꾸 짜증만 난다는 것입니다.

"예전에 연애할 때는 서로 바라만 보아도 좋았는데, 왜 이렇게 됐는지 모르겠어요. 남편의 축 처진 어깨를 보면 불쌍해 보이기도 하지만 그것도 잠깐, 서로 아무런 감정 없이 외면한 채 살아가고 있어요. 남편은 아무런 생각이 없는 것 같기도 합니다. 서로 아이들한테 관심을 좀 기울이는 척하며 아이들 문제로 이야기를 좀 나누기도 하지만, 정작 우리 이야기는 없고……. 요즈음 전 '도대체 왜 살고 있지?' 하는 생각이 자주 든답니다."

이 말을 듣고, 어느 가정 사역자가 해 준 재미있는 이야기가 생각났습니다.

아내가 "여보, 내가 좀 아파요." 했을 때, 남편의 반응

결혼한 지 5년 된 남편: "그래? 그럼 빨리 병원에 가자."

결혼한 지 10년 된 남편: "아파? 그래 그럼 병원에 가 봐."

결혼한 지 15년 된 남편: "아프다고? 또 아파? 이번엔 어디야?"

참 안타깝지만 이것이 인간의 실존인 듯합니다. 우리는 결혼을 하면서 나름대로 목표와 기대를 갖고 있습니다. 결혼의 목표는 두 사람이 부모를 떠나, 서로 사랑하는 가운데 영적 연합과 정서적 연합과 육체적 연합을 이루는 것입니다.

로렌스 크랩은 영적 연합은 안정감의 인격적 필요를 채워 주실 분으로 오직 예수님을 신뢰하는 것이며, 정서적 연합은 상대방이 그리스도 안에 있는 자기 가치를 더욱 깊이 인식할 수 있도록 돕기 위해 나의 배우자를 섬기는 것이며, 육체적 연합은 인격적 관계의 표현과 그 연장으로 성적 즐거움을 함께 누리는 것이라고 말했습니다.

보웬은 사람들이 결혼을 통해 정서적 욕구를 채우고자 하는 기대를 가지고 있는데, 바로 그것이 친밀감의 욕구, 권력 추구의 욕구, 의미와 보람 추구의 욕구라고 합니다.

결혼은 두 사람이 함께 길을 걸어가는 것입니다. 똑같은 생각이 아니라, 함께 생각하는 것이 중요합니다. 함께 생각하면서, 둘이

함께 추구해야 할 목표를 정하는 것이 중요합니다. 같은 비전을 갖는 것이 행복한 결혼 생활의 기본입니다. 함께 같은 방향을 바라보는 것이 행복한 결혼 생활의 기초입니다.

우리의 결혼 생활을 어렵게 만드는 것은 대부분 죄성으로 인한 이기심 때문입니다. 결국 나의 기대를 채우기 위해 상대방을 무시하기도 하고 희생시키기도 하고 심지어는 이용하기도 합니다. 상대방을 바라보면서 내 기대를 채워 줄 것을 강요하는 것입니다. 이것이 갈등의 큰 원인입니다.

"왜 내가 원하는 것을 해 주지 않지요? 내가 원하는 것을 해 주세요!"라고 부르짖는 것, 이것을 '결핍 사랑'이라고 합니다. 인간은 그 죄성 때문에 '존재 사랑'이 아닌 '결핍 사랑'을 합니다. 당신을 사랑하기 때문에 당신이 필요한 '존재 사랑'이 아니라, 당신이 필요해서 당신을 사랑하는 '결핍 사랑'을 합니다. 하지만 인간은 인간에게서 만족을 얻을 수 없습니다.

에밀 부르너는 "타락의 결과, 인간에게는 극복할 수 없는 수치감과 충족되지 않는 동경(그리움)이 생겨났다."고 말했습니다. 하지만 이러한 동경과 그리움은 사람과 사람이 만나서는 궁극적으로 채워지지 않는다는 데 문제가 있습니다. 만나면 만날수록 그리움은 더 커 가고, 만나면 만날수록 갈증은 더해 갈 뿐입니다. 그리고 그러한 만남은 시간이 가면 갈수록 우리 안에 있는 상처와 죄성의 날카로움 때문에 마주보면 서로를 찌르기만 할 뿐입니다.

우리는 문제가 생기면 그 문제를 해결하기 위해 피투성이가 되는 싸움을 벌이기도 합니다. 문제는 반드시 해결해야 합니다. 하지만 문제의 해결보다 더 중요한 것은 화해입니다. 문제 해결을 하다 화해가 깨지면 소탐대실입니다. 해결은 문제를 중요시 여기는 행위며, 화해는 관계를 중요하게 여기는 행위입니다. 서로를 바라보고만 있으면 문제 해결에 그치고 맙니다. 함께 같은 방향을 보는 것이 화해를 추구하는 것입니다.

부부는 서로 다른 환경에서 태어나 다른 교육을 받고 다른 문화 속에서 자랐습니다. 남녀 차이, 성격 차이, 기질 차이로 서로 부딪칠 수밖에 없습니다. 서로 마주보고 있으면 눈싸움밖에 할 일이 없습니다. 서로를 바라보면 볼수록 서로 나쁜 점만 들추어냅니다. 서로 상처를 내면서 나쁜 점을 닮아갈지도 모를 일입니다.

나와 다른 것을 자꾸 틀렸다고 생각하고 뜯어고치려고 합니다. 내 기준에 맞춰 줄 것을 강요하기도 합니다. '다른 것'이 문제가 아니라 다른 것을 '다루는 방법' 때문에 갈등이 일어납니다. 다른 것을 인정하고 참아 내는 것이 바로 사랑입니다. 그래서 성경에서는 사랑의 가장 중요한 요소는 오래 참음이라고 말하고 있습니다.

행복한 결혼 생활을 위해서는 차이를 참아 내는 것을 넘어서서 소중히 여기고 오히려 그것을 즐겨야 합니다. 그것이 하나님이 우리를 다르게 만드시고, 나와 다른 사람들을 만나게 하신 뜻입니다.

어떤 가정 사역자는 "앞을 보면 실망, 뒤를 보면 절망, 옆을 보면 낙망할 뿐"이라고 말했습니다. 생텍쥐베리는 "사랑은 두 사람이 마주보는 것이 아니라, 함께 같은 방향을 바라보는 것이다."라고 말했습니다.

그렇습니다. 진정한 사랑은 두 사람이 마주보는 것이 아닙니다. 진정한 사랑은 두 사람이 한곳을 바라보며 나가는 것입니다. 지금은 어렵지만, 때로는 아내가 마음에 들지 않지만, 때로는 남편이 밉기도 하지만 둘이 함께 하나님을 바라보며 함께 걸어가야 합니다. 그러면서 하나님을 닮아 가는 것입니다. 그러면서 그리스도 안에서 서로를 닮아 가는 것입니다. 예수 안에서 진정한 삶의 의미를 발견하며 함께 걸어가는 것, 그것이 진정한 행복입니다.

우리의 기대를 채워 주는 상대는 내 남편이 아니요, 내 아내가 아닙니다. 예수님이십니다. 그분을 의탁하고 그분께 나아가는 것입니다. 이것이 행복의 비결입니다.

phrase 나의 영혼아 잠잠히 하나님만 바라라. 대저 나의 소망이 저로 좇아 나는도다 시편 62:5

prayer 어떠한 갈등과 어려움 속에서도 문제에만 매이지 않게 하시고, 하나님을 바라보게 하소서. 문제를 해결한다고 관계를 깨뜨리는 어리석음을 범하지 않게 하소서.

플러스 발상법 사용하기

　　“여보, 우리 재학이 키가 안 커서 어떻게 하지요? 걱정이네요.”

　어느 날, 아내가 내게 근심 어린 눈으로 말을 꺼냈습니다.

　“왜 키가 작아서 무슨 문제가 있대요? 키가 작아도 그 애만큼 속이 큰 아이가 어디 있어요? 그리고 얼마나 건강해요? 그럼 됐지. 별것을 다 걱정이네.”

　“그래도 왜 걱정이 안 돼요? 기왕이면 키가 크면 좋지…….”

　“아니 그게 걱정한다고 될 일이오? 그야말로 쓸데없는 걱정 말고, 잠이나 자요.”

　아내는 더 이상 이야기해 봤자 소용없다는 듯 돌아누웠습니다. 그리고 보면 우리네 삶 속에는 무슨 걱정거리가 그리 많은지 모르겠습니다. 우리 속을 뒤집어 보면 온통 걱정거리로 가득 차 있는 것이 아닐까 싶습니다.

　인생은 문제의 연속입니다. 문제없이 사는 사람은 아무도 없습니

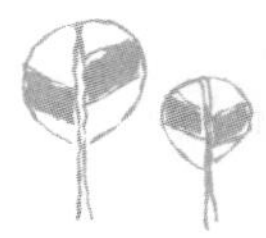

다. 어쩌면 문제를 해결해 나아가는 과정이 곧 우리의 삶이라고 할 수 있습니다. 문제 때문에 늘 불안해 하고 두려워하면서 살아가는 것이 우리 삶의 모습인지도 모릅니다. 자신이 감당하기 어려운 문제가 일어나리라 예측하거나 실제로 그런 문제가 일어나면, 우리는 불안해 하거나 두려워합니다. 그래서 걱정을 하는 것입니다. 그러니까 문제가 많은 만큼 걱정거리도 많다는 이야기입니다. 우리 민요의 가사처럼 하늘엔 별도 많고 우리네 가슴엔 걱정거리가 많지요.

“평안하라!” “두려워 말라!”는 말씀은 우리 삶의 실존을 잘 아시는 하나님이 우리에게 주신 확신의 말씀입니다. 어떠한 문제에 부딪치더라도 담대하라는 뜻입니다.

걱정거리를 분석해 본 결과, 우리가 하는 걱정거리의 40%는 절대 일어나지 않을 사건에 관한 것이고, 30%는 이미 일어난 사건, 22%는 사소한 사건, 4%는 우리가 바꿀 수 없는 사건에 관한 것이랍니다. 나머지 4%만이 우리가 대처할 수 있는 진짜 사건이라는 것이지요. 그러니까 96%의 걱정거리는 쓸데없다는 것입니다.

그렇다면 우리는 쓸데없는 걱정거리로 인해 너무 많은 에너지를 소비하고 있지는 않습니까? 실제로 가정에서 일어나는 부부 사이의 불화도 이와 무관하지 않다는 이야기입니다.

"여보, 추석이 다가오는데 어떻게 하지요. 걱정이에요. 언제 가야 하지요? 지난번처럼 추석 당일에 갔다가 야단맞으면 어떻게 하지요? 그리고 또 뭘 사서 가지요?"

아내가 걱정하면, 대부분의 남편들은 이렇게 일축해 버립니다.

"별 쓸데없는 걱정하고 있네. 아니 뭘 그런 걸 가지고 그래. 조금 일찍 가면 될 거 아니야. 조금 일찍 가자고. 그리고 사과 한 상자 사 가지고 가면 되지 뭘 걱정하고 그래. 걱정도 팔자다."

그런데 문제는 아내의 가슴 속에 남아 있는 걱정거리입니다. 아내는 시댁에 어떻게 갈까 하는 것을 걱정한 게 아닙니다. 아내는 아직 일어나지 않은 상황에 대해 미리 걱정하고 있는 것입니다. 사실 꼭 가야 할 곳이라면, 일찍 가야 하는 것이 상책입니다. 하지만 싫어서 억지로 가면 기쁨이 있을 수 없습니다. 기쁨이 없다는 것을 상대방도 금방 알 수 있습니다.

"저 인간이 싫은데 또 억지로 끌려 왔구나……."

그런 생각이 들면, 시댁에서도 기분이 좋을 리 없습니다. 시댁 식구들은 아내의 작은 실수에도 트집을 잡습니다. 그래서 엉뚱하게 아내는 시부모님께 또 야단을 맞습니다. 아내의 두려움이 현실이 되는 것입니다. 그러면 다음에 아내는 시댁에 가기를 더 두려워합니다. 이런 악순환이 계속되어 문제는 더욱 꼬이고 심각해집니다. 걱정거리는 더 늘어만 갑니다.

이런 악순환을 해결할 방법이 있을까요? 발상법을 바꾸면 됩니다. 긍정적인 사고방식, 적극적인 사고방식, 바로 플러스 발상을 하는 것입니다. 똑같은 상황에서도 플러스 발상법을 하면 상황을 보는 시각이 달라집니다.

지갑에 만 원이 있습니다. 어떤 사람은 "아직 만 원이나 있구나." 하고 기분이 좋아서 활기차게 다니는 사람이 있는 반면, 어떤 사람은 "아이고 돈이 만 원밖에 없네. 어떻게 하지 큰일 났네." 하고 걱정을 껴안고 다니는 사람이 있습니다.

차에 치일 뻔했습니다. 어떤 사람은 "오늘 정말 재수 없는 날이네." 하고 자신의 불운을 탓하면서 운전기사를 욕하며 매우 기분 나빠합니다. 어떤 사람은 "할렐루야! 하나님이 나를 살려 주셨네요. 감사합니다." 하며 찬양을 합니다.

상황을 어떻게 보는가는 우리의 선택에 달려 있습니다.

임진왜란의 명장인 이순신 장군은 감옥에 투옥되었다가 나온 이후, 자신이 만든 거북선과 전함들이 다 깨어진 것을 보고 실망을 하지 않았습니다. "아직도 내겐 열두 척의 배가 남아 있다."는 유명한 말을 했습니다. "다 깨졌는데 어떻게 하지……." 하며 포기하지 않았습니다. 남은 열두 척의 배로 그는 다시 일어났습니다. 결국 나라를 위기에서 구해 내는 불멸의 명장이 되었던 것입니다. 이것이 플러스 발상법입니다.

한국계 2세인 일본인 하루야마 시게오春山茂雄는 그의 저서 《뇌내혁명》에서 플러스 발상법을 적용할 것을 주장하고 있습니다. 그가 주장하는 플러스 발상법은 불쾌한 일을 당하더라도 사태를 긍정적이고 포괄적으로 받아들여 발전적으로 포용하는 것입니다. 이렇게 플러스 발상법을 할 경우, 뇌 속의 모르핀이 분비되면서 기분이 좋아진다고 합니다. 인간관계가 원만하게 유지된다고 합니다. 그는 마음의 작용은 반드시 화학 물질로 남아 육체에 영향을 미친다고 주장합니다. 그래서 걱정, 불안, 부정적인 생각에서 벗어나 플러스 발상법으로 문제를 볼 것을 권면하고 있습니다.

해외 아버지학교에서 한 형제님이 이런 고백을 했습니다.
"늘 엉뚱한 이야기를 하고 제게 사사건건 대드는 아내, 저는 그 아내 때문에 너무 힘들어서 한때는 이혼 생각까지 했습니다. 하지만 아버지학교를 다닌 후 생각이 바뀌었습니다. 이제 나는 그 아내를 주신 하나님께 감사합니다. 그 아내를 통해 고집불통이고, 지극히 이기적인 저를 다루시는 하나님의 손길을 느낄 수 있습니다. 그 아

내를 통해 제가 영적으로, 인격적으로 성숙해 가고 있습니다. 언젠
가 제가 온전히 서는 날, 제 아내도 회복되리라 확신합니다."

그렇습니다. 이것이 플러스 발상법입니다. 플러스 발상법을 하
는 사람은 범사에 감사하며, 항상 기뻐하는 사람입니다. 그 입
에 찬양과 기도가 그치지 않을 것입니다.

깊은 병에 들었을 때, 오히려 안식할 수 있는 기회를 주신 것을 감
사하며, 하나님과 더 깊은 교제를 나누고, 가족 간의 친밀감을 더욱
다지는 기회로 삼는 것이 플러스 발상법입니다.

플러스 발상법은 행복한 가정을 세워 나가는 원동력입니다.

"길가에 장미꽃 감사, 장미 가시도 감사."

모든 것이 합력해서 선을 이루게 하시는 하나님, 감사합니다.

phrase 항상 기뻐하라 쉬지 말고 기도하라 범사에 감사하라 이는 그
리스도 예수 안에서 너희를 향하신 하나님의 뜻이니라.
데살로니가전서 5:16-18

prayer 늘 긍정적인 생각으로 상대방을 세워 주고 성숙해 가기를 소망
합니다. 항상 기뻐하고, 쉬지 않고 기도하며, 범사에 감사하게 하소서.

Part 2

한방향으로
가시를
세우라

함께하는 비전이 있는 부부는 서로 더 이해하고 사랑할 수 있습니다.

방향이 같으면 찌르지 않는다

목적이 분명한 가정은 서로 상처를 주지 않습니다.

속도보다 중요한 것은 방향이다 가정에도 꿈이 필요하다 목적을 이루기 위한 목표를 세우라
가정의 정체성을 찾아라 가족의 정체성을 세워 주라

속도보다 중요한 것은 방향이다

"내가 어렸을 때에는 말하는 것이 어린 아이와 같고 깨닫는 것이 어린 아이와 같고 생각하는 것이 어린아이와 같다가 장성한 사람이 되어서는 어린아이의 일을 버렸노라 우리가 이제는 거울로 보는 것 같이 희미하나 그때에는 얼굴과 얼굴을 대하여 볼 것이요 이제는 내가 부분적으로 아나 그때에는 주께서 나를 아신 것같이 내가 온전히 알리라 그런즉 믿음, 소망, 사랑, 이 세 가지는 항상 있을 것인데 그 중에 제일은 사랑이라"고린도전서 13:11-13

하나님은 인간에게 가정이라는 아름다운 공동체를 만들어 주셨습니다. 하지만 우리는 이런 가정의 아름다움을 보지 못한 채, 희미한 그림자만을 보면서 살아가는 듯합니다. 하나님은 행복의 결정체로 가정을 주셨는데 진정한 행복이 무엇인지 모르고, 희미한 그림자만 쫓고 있는 것이 우리의 모습입니다. 결혼은 성숙한 사람들의 책임 있는 만남입니다. 하지만 어린아이 같은 우리는 어린아이의 일을

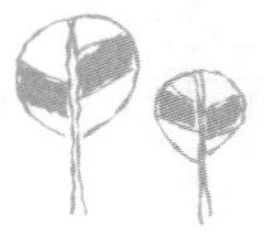

버리지 못한 채로 결혼해서 가정을 이루고 있습니다.

어린아이의 특성은 남을 생각하지 못한다는 것입니다. 자기의 유익만을 생각하는 사람, 내 것을 챙기기 위해 생떼를 쓰는 사람, 자기의 필요만을 채워 주길 강요하는 사람이 어린아이입니다. 어린아이가 남을 생각하기 시작하면 우리는 아이를 어른스러워졌다고 합니다. 이타심이 바로 성숙의 척도입니다. 즐기고 싶은 것은 많지만 아내를 위해, 남편을 위해, 자녀를 위해 그 욕망을 버리는 것이 바로 이타심입니다.

어린아이의 특성은 푯대 없이 그저 앞만 보고 달린다는 것입니다. 천방지축으로 뒤뚱뒤뚱 하면서 이리저리 다니는 사람들이 어린아이입니다. 달리는 방향도 잘 구분하지 못하고 속도를 내는 사람이 어린아이입니다. 우리는 성공을 위해서, 잘 살기 위해서, 출세하기 위해서 속도를 냅니다. 하지만 속도보다 중요한 것이 바로 방향입니다.

둘이 하나되는 공동의 목표를 설정하고, 이제는 의미를 추구하며 살 때입니다. 그때 우리는 자연의 아름다움을 보고, 진정한 행복을 누리며 살아갈 수 있습니다. 가정은 영적인 전쟁이 가장 치열한 곳입니다. 우리를 시험에 빠뜨리는 사람, 내가 용서할 수 없는 사람이 있는 곳이 바로 가정입니다. 가정에서 진정한 용납과 용서가 있을 때, 우리는 행복한 가정의 모습을 회복할 수 있습니다.

하나님은 말씀으로 천지를 창조하셨습니다. 해도 달도, 하늘도 땅도, 그리고 나무도 공중에 나는 새도, 온갖 짐승도 다 말씀으로만 지으셨습니다. 물론 전지전능하신 하나님은 말씀으로 인간을 지으실 수도 있으셨습니다. 하지만 유독 인간만은 재료를 사용하셨습니다. 온 우주를 포함하고 있는 자연의 어머니인 땅, 즉 흙을 소재로 하셔서 남자를 만드셨습니다. 인간은 자연에서 나왔으니 자연으로 돌아가야 하는, 자연과는 떼려야 뗄 수 없는 그런 존재라는 영적인 의미입니다.

인간은 생육하고 번성하고 충만하고 정복하고 다스리라는 하나님의 거룩한 명령을 그 땅위에서 수행해야 하는 과제를 안고 태어난 존재입니다.

하나님은 자연을 창조하셨을 때 "좋았더라." 라고만 하셨습니다. 자연의 일부분으로 만든 아담이 홀로 자연 속에서 살아가는 모습을 보시고는 "독처하는 것이 좋지 못하니." 라고 말씀하셨습니다.

그리고 아담의 갈비뼈를 취해 하와를 만드시고, 하와를 아담에게로 이끌어 오셨습니다. 이때 비로소 하나님은 "심히 좋았더라."는 말씀을 하셨습니다. 가정은 하나님의 최고 걸작품입니다. 하나님의 꿈이 담긴 곳입니다. 천국의 모형으로 세워진 곳입니다.

"하나님이 그들에게 복을 주시며 그들에게 이르시되 생육하고 번성하여 땅에 충만하라, 땅을 정복하라, 바다의 고기와 공중의 새와 땅에 움직이는 모든 생물을 다스리라 하시니라" 창세기 1:28

하나님은 가정을 통해서 인간에게 복을 주시길 원하셨습니다.
우리는 매일 하루의 일과를 마치고 가정으로 돌아갑니다. 바로 그곳에 사랑하는 부모님, 아내, 남편과 자녀가 있기 때문입니다. 바로 그곳에 안식과 치유와 성장이 있기 때문입니다.

phrase 내가 어렸을 때에는 말하는 것이 어린아이와 같고 깨닫는 것이 어린아이와 같고 생각하는 것이 어린아이와 같다가 장성한 사람이 되어서는 어린아이의 일을 버렸노라. 고린도전서 13:11

prayer 쾌락이 아니라 감동을 추구하며 살게 하소서. 속도를 추구하지 않고 올바른 방향으로 나가게 하소서. 우리 가정이 안식과 치유와 성장이 있는 베이스캠프가 되게 하소서.

가정에도 꿈이 필요하다

인간은 누구나 행복을 추구하며 살아가고 있습니다. 하지만 행복을 찾아가는 과정이나 모습은 제각각 다릅니다. 왜냐하면 사람마다 각자의 생각이나 가치관에 따라 행복의 조건이 다르기 때문입니다.

동양에서는 흔히 행복을 말할 때 수·부·귀·강녕·자손을 들어 오복五福이라고 한다.

영국의 심리학자인 로스웰과 상담사인 코언의 연구에 따르면, 행복은 Personal(인생관, 적응력, 유연성 등 개인적인 특성), Existence(건강, 돈, 인간관계 등 생존 조건), Higher Order(야망, 자존심. 기대, 유모 등, 고차원적인 상태를 뜻함) 이라는 세 가지 요소에 의해 결정된다. 이 세 가지 조건 가운데서도 생존 조건인 E가 개인적 특성인 P보다 다섯 배는 더 중요하고, 고차원 상태인 H는 E보다 세 배는 더 중요하다. 따라서 인간이 행복해지기 위해서는 아래와 같은 다양한 조건이 갖춰져야 한다.

첫째, 가족과 친구 그리고 자신에게 시간을 쏟는다.

둘째, 흥미와 취미를 추구한다.

셋째, 친밀한 대인 관계를 맺는다.

넷째, 새로운 사람들을 만나고, 기존의 틀에서 벗어난다.

다섯째, 현재에 집중하고 과거나 미래에 집착하지 않는다.

여섯째, 운동하고 휴식을 취한다.

일곱째, 항상 최선을 다하되, 가능한 목표를 가진다.

영국의 심리학자 로스웰과 상담사인 코언의 연구 결과

모두 다 의미 있는 이야기며 귀담아 들어야 할 내용입니다. 많은 사람이 행복에 대한 조건을 많이 제시했습니다. 그래서 오히려 진정한 행복이 뭔지 모르고 살아가는 사람이 많은지도 모르겠습니다.

하지만 나도 그 위험을 무릅 쓰고 나름대로 행복의 세 가지 조건을 말하고 싶습니다.

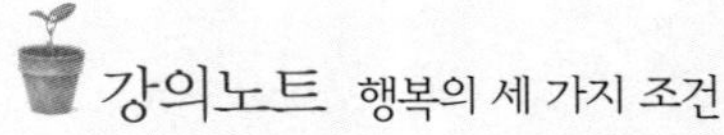

1. 사랑하는 대상을 만들어야 한다.
2. 사랑하는 대상을 위해 할 일을 계획한다.
3. 사랑하는 사람과 함께 나눌 비전(꿈)을 세운다.

사랑하는 대상이 있을 때, 우리는 세상을 살 이유를 발견합니다. 또 사랑하는 사람을 위해 할 일이 있을 때 의욕이 넘칩니다. 동기 부여가 됩니다. 사랑하는 사람과 함께 나눌 비전이 있을 때, 우리는 어떠한 고난과 역경도 이겨낼 수 있습니다.

이 세 가지가 완벽하게 이뤄지는 장소가 바로 가정입니다. 사랑하는 아내와 남편과 자녀가 있고 부모님이 계신 곳, 또 그들을 위해 땀 흘리며 일할 만한 가치가 있는 곳, 인생의 목표를 세우고 한 걸음 한 걸음 앞으로 나아가는 곳, 그곳이 바로 가정입니다.

이 세 가지는 모두 다 중요합니다. 하지만 그 중에 가장 중요한 것은 함께 나눌 비전입니다. 현실이 아무리 어려울지라도 꿈이 있고, 그 꿈을 향해 부부가 함께 기도하며 나아가는 가정은 행복한 가정입니다.

요즈음 많은 가정이 깨지고 있습니다. 현대 가정에는 애정 기능과 경제 기능만 남아 있는 것 같은 생각조차 들 때가 있습니다. 단순히 사랑하지 않는다는 이유로, 또 경제적으로 어렵다는 이유로 이혼을 선택합니다.

나는 이렇게 이혼을 쉽게 결정하는 이유가 함께 나눌 비전이 없기 때문이라고 생각합니다. 가족 사이에 함께 나누는 비전이 없기 때문에, 회사 일로 늦게 귀가하는 남편을 아내는 이해하지 못합니다. 남편은 가족을 위해 열심히 일한다고 생각하지만, 아내는 남편이 일을 좋아하기 때문이고 생각합니다.

함께하는 비전이 있을 때, 이해와 용납이 있고 눈물과 감동의 인격적 만남이 있습니다. 가정에 비전을 세우고 그 비전을 향해 한 걸음, 한 걸음 나가는 것이 행복의 지름길입니다. 그 비전이 성취되었을 때의 성취감도 대단하지만, 비전을 향해 한 걸음 한 걸음 함께 나가는 과정에서 느끼는 기쁨은 어떤 것과도 비교할 수 없는 행복을 줍니다.

행복 속에서 인격이 만들어집니다. 그리고 인격의 성숙도는 더 큰 행복을 안겨다 줍니다. 꿈은 중요합니다. 꿈이 인생을 만들어 가기 때문입니다. 가정의 꿈이 중요합니다. 그 꿈이 가정을 만들어 가기 때문입니다.

많은 가정이 꿈을 잃고 있습니다. 아니 꿈이 없이 살아가고 있습니다. 꿈이 있다 할지라도 그 꿈이 너무 육신에 머물러 있을 때가 많습니다. 20평 아파트에 사는 가족은 30평으로 이사 가는 것을 꿈꾸고, 30평에 사는 가족은 40평을 꿈꿉니다. 땅을 점점 많이 소유하고 좋은 차를 몰기 위해 열심히 살아갑니다. 이러한 꿈도 물론 현실적이고 좋은 꿈입니다. 하지만 하나님이 기뻐하시는 꿈은 아닙니다.

현세적인 꿈이 아니라, 초월적인 비전을 세워야 합니다. 어느 그리스도인 기업의 신조가 "하나님을 기쁘시게, 사람을 기쁘게"입니다. 이런 비전이 있어야 할 것입니다. 이런 비전이 있을 때, 어떤 경제적·사회적·육체적 고난이 올지라도 평안을 잃지 않고, 오히려 감사하며 기쁘게 살아갈 수 있습니다. "고난이 내게 유익이라."는 고백을 할 수 있을 것입니다.

가나안농군학교를 세우신 김용기 장로님의 셋째 아들이자, 현재 가나안농군학교 교장이신 김범일 장로님의 이야기입니다.

"농사야말로 산업의 원동력이다. 주권을 회복하려면 경제 자립을 해야 하고, 그러려면 지식인일수록 농사에 참여해야 한다."는 부친의 유언을 따라 김용기 장로님은 농민운동에 투신했습니다. 그는 농업기술 개발과 신앙으로, 모두 일하고 모두 풍족한 생활을 누리는 이상촌 건설을 꿈꾸며 1954년에 광주 황산에 제1가나안농군학교를 개척하셨습니다.

가난과 역경을 이겨낼 진정한 농군을 키워야 한다는 김용기 장로님의 신념은 새벽부터 저녁까지 황무지를 개간하는 중노동으로 이어졌고, 온 가족이 이에 동참하게 되었습니다. 하지만 "일하지 않으면 먹지 않는다."는 엄격한 생활 규칙으로 하루 열두 시간 이상 노동하지 않으면 식사를 할 수 없었고, 그 식사도 고구마나 감자뿐이었습니다.

김범일 장로님은 열아홉 살에 사춘기를 지나면서 결국 이 고통을 이기지 못하고, '아버지가 내 인생을 살아 줄 수는 없는데 언제까지 아버지 그늘 밑에서 땅만 파고 살아야 하나?' 하는 생각을 했습니다. 서울 나들이 길에 오랜만에 만난 동창생으로부터 미국으로 유학 간다는 말을 듣고는 더 이상 이런 고생이 자신의 인생에 의미가 없다고 판단하고, 아버지가 나중에 늙고 힘들어지면 자기가 아버지를 모시고 가족이 거처할 보금자리라도 만들어야 하겠다는 생각으로 가출하기에 이릅니다.

하지만 가는 곳마다 "아버지의 뜻을 아들인 네가 따라야지 도망가면 되겠냐?"는 쓴 소리만 듣기 일쑤였습니다. 친척 집을 전전하며 앞일을 계획하려 했지만, 뜻대로 되지 않았습니다. 집도 그립고 가족들도 보고 싶었지만, 아버지의 꾸중이 무서워 돌아갈 용기도 나지 않았습니다.

가출한 지 40일째 되던 날, 김범일 장로님은 아버지 김용기 장로님의 편지를 받습니다. 편지 속에서 그동안 엄격하신 분인 줄만 알았던 아버지의 깊은 사랑이 녹아 있었고 편지를 통해 김범일 장로님은 아버지의 높은 뜻을 깨달을 수 있었습니다.

"사랑하는 내 아들아, 이 애비는 네가 집 나간 이후로 한 번도 네 기도를 끊은 적이 없다. 네 마음은 이해가 되지만, 어서 돌아오너라. 이 나라 이 민족은 우리가 아니면 안된다. 어서 돌아오너라. 네가 돌아와서 아버지를 도와주지 않는다면 누가 나와 함께 이 일을 하려 하겠느냐?"

구구절절이 어서 돌아오라는 아버지의 애절한 당부에 눈물이 흘렀고, 이어진 김용기 장로님의 말씀이 그를 붙들었습니다.

"저 공중에 나는 까막까치를 보아라. 까마귀가 학교를 나왔느냐 하지만, 아비의 대를 이어 살지 않느냐? 하물며 인간이 짐승보다 못하게 살 수 없지 않느냐? 잘 먹고 잘 사는 것은 한 순간의 부질없는 꿈이다. 우리 사람답게 열심히 일하자. 남을 위해 살자!"

결국, 김범일 장로님은 아버님이 훌륭하신 분이며 나라와 민족을 진실하게 생각하시는 분이라는 것을 깨닫고 아버님 곁으로 돌아갑니다.

'그래 아버지의 무대는 흙이요, 흙은 생명이다. 하나님 아버지를 알고 내 아버지를 아는 것보다 더 중요한 것이 어디 있겠는가? 아버지를 기쁘게 해 드리자!'

그 뒤로 딴 마음을 품지 않고 아버지와 한마음 한뜻으로 흙을 파며 농군의 삶을 살았다고 합니다. 1988년 김용기 장로님이 소천하신 이후, 아버지의 대를 이어 현재 가나안농군학교 교장을 맡아오고 있습니다.

김범일 장로님은 자신도 자녀에게 좋은 교육 환경을 만들어 주지 못했지만, 교육 문제 때문에 떨어져 있는 자녀에게 "우리가 왜 산속에 있는가? 낙오된 것이 아니라 큰 뜻이 있어서다. 감사하고 참아라!"고 격려하며 시편과 잠언을 읽고 묵상한 내용을 편지로 보내어 신앙의 재무장을 촉구했다고 합니다.

맏아들은 아버지의 농업 교육을 더욱 깊이 배우기 위해 외국에 나가 농업 경영을 연구하고 돌아왔고, 외국과의 농업 경쟁력을 강화하기 위해 농어촌 경제연구원에서 일하며, 21세기 농민 CEO 모델을 연구하고 있습니다. 둘째 딸은 성악을 전공하고 성악가로 활동하고 있으며, 막내아들은 신학대학교를 나와 전도사가 되어 캄보디아 오지에 나가 선교할 계획을 세우고 있다고 합니다.

이제 나이가 일흔한 살이 되신 김범일 장로님은 새벽마다 아버지께서 뛰며 기도하시던 가나안농군학교의 기도 동산을 오를 때면 아버지와 함께하는 듯한 착각이 든다고 합니다. 아직도 아버지와 함께 살고 있는 듯하다고 합니다. 매일 새벽, "민족이여 안심하라! 겨레여 안심하라! 내가 있다!" 라고 외치며 뛰시던 아버지 김용기 장로님의 모습이 눈에 선하다고 합니다.

김범일 장로님은 이렇게 말씀하십니다.

"산 속에 들어오셔서 끝까지 뛰다가 하늘나라에 가신 아버지, 아버지는 삶의 비전, 민족의 비전을 몸소 진실하게 보여 주셨습니다. 나도 아버지를 따라 죽을 때까지 내 후손들에게 진실하게 보여 줄

작정입니다. 늘 신앙 안에서 언행일치를 보여 준 아버지는 새벽마다 종을 치며 민족의 잠을 깨우셨습니다. 아버지가 치던 종을 이제 아들인 내가 치며 또 내 아들에게 물려줄 것입니다. 가나안농군학교의 이상을 알리는 그 종을 아들이 치고, 아들의 아들들이 쳐서 민족을 깨우는 종 치기가 되기를 소망합니다."

그렇습니다. 아버지가 어떤 꿈을 가지고 무엇을 위해 살고 있느냐가 자녀들의 삶의 방향과 질을 결정하는 데 결정적 영향력을 끼칩니다. 뜻을 세운 가정, 초월적인 목적을 갖고 그 비전을 항해 나가는 가정은 행복합니다.

단기적인 목표도 세우고, 중장기의 목표도 세우십시오. 하지만 가장 중요한 것은 나와 내 가정이 목숨을 걸고 싸워 나가야 할 비전을 세우는 것입니다. 그 비전이 위기에서 우리를 기회로 인도할 것입니다. 그 비전이 우리에게 생의 열정을 불러일으킬 것입니다.

오늘 잠깐 우리 가정을 향하신 하나님의 뜻은 무엇인지 조용히 묵상해 보십시오. 우리는 무엇을 위해 그렇게 열심히 살고 있는지, 어디로 그렇게 열심히 달려가고 있는지, 우리는 누구를 위해 그렇게 열심히 싸우고 있는지, 한 번 깊이 묵상해 보십시오. 그리고 우리 가정이 가장 소중하게 여기는 단어가 무엇인지를 생각해 보십시오. 그것이 여러분 가정의 비전이요, 꿈입니다. 비전이 있는 가정이 행복한 가정입니다.

phrase 그러므로 그리스도 안에 무슨 권면이나 사랑에 무슨 위로나 성령의 무슨 교제나 긍휼이나 자비가 있거든 마음을 같이 하여 같은 사랑을 가지고 뜻을 합하며 한 마음을 품어 아무 일에든지 다툼이나 허영으로 하지 말고 오직 겸손한 마음으로 각각 자기보다 남을 낫게 여기고 각각 자기 일을 돌아볼 뿐더러 또한 각각 다른 사람들의 일을 돌아보아 나의 기쁨을 충만케 하라. 빌립보서 2:1-4

prayer 우리 가정에도 꿈을 주시고, 우리가 그 꿈을 향해 갈 수 있는 힘과 지혜를 주세요. 그 꿈이 육신의 만족을 위함이 아니라 하나님이 주신 비전이 되도록 해 주세요.

목적을 이루기 위한 목표를 세우라

우리 부부는 캠퍼스에서 만나 서로 열렬히 사랑했습니다. 대학 졸업 후 둘 다 마땅히 거처할 곳이 없었습니다. 아내는 입주해서 고등학생을 가르치는 일을 하면서 대학을 졸업하고 선생님으로 취직을 했으니 그 집을 나와야 했고, 나는 인천 부모님 댁이 있었지만 너무 불편해 그동안 학교 박물관에서 자취를 하고 있었는데 졸업 후에는 또 그곳을 나와야 했습니다. 둘 다 마땅히 갈 곳이 없었습니다. 그래서 내가 "우리 서로 갈 곳도 없는데 뭉치자." 한 것이 청혼이 되었고, 우리는 맨주먹으로 신혼살림을 시작했습니다.

친구 어머님께 돈을 조금 빌려 방을 얻었습니다. 수저 두 벌, 밥그릇 두 개, 이부자리, 책상 하나, 이것이 살림의 전부였습니다. 6개월 정도 밥상이 없어 방바닥에서 밥을 먹어야 했고 때로는 쌀이 떨어질 때도 있었지만 그래도 좋았습니다. 서로 깊이 사랑했기 때문입니다.

우리 부부의 꿈은 오직 살림살이 장만하는 것이었습니다. '5년 안에 내 집 마련하기'가 우리 목표의 전부였습니다. 두 사람은 서로 격려하면서 다짐했고, 그래서 정말 둘이 열심히 일하여 5년 만에 아담한 집을 마련했습니다. 아들도 둘이나 얻고, 나는 꿈을 이루었다고 생각했습니다.

그런데 문제는 그때부터 일어나기 시작했습니다. 결혼의 진정한 목적이 무엇인지를 몰랐고, 그냥 내 집 마련해서 아이들 낳고 살면 그것이 행복인 줄 알았습니다. 나는 성공을 위해 직장 일에 몰두했습니다. 가정은 뒷전으로 밀어두기 시작했습니다.

정확히 이야기하면 무엇이 행복인지도 몰랐고 결혼의 진정한 목적도 몰랐습니다. 오직 '5년 안에 내 집 마련하자.' 출세하자. 이것이 삶의 목적이었습니다. 하지만 그것은 크나큰 착각이었습니다. 내 집 마련과 출세는 우리 가정의 목적과는 너무 동떨어진 것이었습니다. 실제로 우리 가정엔 목적이 없었던 것입니다. 목적 부재의 삶, 그것은 혼돈이었고 갈등 그 자체였습니다.

릭 워렌은 인간은 다섯 가지 목적을 위해 만들어졌고, 목적이 이끄는 삶을 살아야 행복하다고 말합니다. 그가 말하는 인간의 다섯 가지 목적은 이렇습니다.

첫 번째 하나님의 기쁨을 위해 계획되었고,

두 번째 하나님의 가족으로 태어났으며,

세 번째 그리스도를 닮도록 창조되었고,

네 번째 하나님을 섬기기 위해 지금의 모습으로 지음 받았으며,

다섯 번째 사명을 위해 지음 받았다는 것입니다.

목적이 없는 삶은 불행한 삶이며 무의미한 삶입니다. 목적이 없이 사는 사람은 방황합니다. 목적이 없이 사는 사람은 늘 갈증과 배고픔을 느낍니다. 결국 그것을 채우기 위해 쾌락에 탐닉하고 중독에 빠지며 자신을 태워 버리고 맙니다.

하나님은 천지창조의 최절정에 최고 걸작품으로 가정을 만드셨습니다. 가정을 만드신 목적이 있고, 특별히 우리 가정을 향하신 목적이 있습니다. 그 목적을 분명히 알 때 우리는 우리 가정의 정체성을 알 수 있습니다.

릭 워렌의 주장을 통해서 '가정의 목적'을 생각해 봅니다.

첫째 가정을 통해 하나님을 기쁘시게 하고

둘째 하나님의 가족임을 확인하며 하나님의 자녀로서의 삶을 살아가고,

셋째 가족 공동체의 관계적 삶을 통해 그리스도의 장성한 분량으로 성장하도록 서로 돕고,

넷째 온 가족이 하나님을 섬기고,

다섯째 온 가족이 하나님이 주신 사명을 잘 감당하는 것입니다.

부부 세미나를 할 때마다 청중들에게 묻습니다.

"결혼의 목적이 무엇입니까?"

대부분의 사람은 "행복하게 살고 싶어서."라고 대답합니다. 그렇습니다. 사람들은 누구나 결혼 생활에서 행복을 추구합니다. 하지만 우리의 진정한 행복은 우리가 목적을 위해 우리의 삶을 드리며 그것을 추구하는 과정 속에서 얻어지는 부산물입니다. 행복 그 자체가 목적은 아닙니다. 예를 들면, 마라톤 선수가 42km를 완주할 때 그의 목표는 1등하는 것, 기록을 단축하는 것, 또는 단순히 완주하는 것일 수도 있습니다. 목표를 이루어 가는 과정 속에서 행복하지만, 그가 뛰는 목적은 따로 있습니다.

결혼도 마찬가지입니다. 목적Vision을 세우고, 장·단기 목표들Goals을 세워야 합니다. 우리의 목적은 한마디로 하나님을 기쁘시게 하는 것입니다. 그것이 하나님의 영광이며 우리의 행복입니다. 이를 위해 우리는 장·단기의 목표들을 세워야 합니다. 영적인 목표, 정서적 목표, 육체적 목표를 세우는 것입니다.

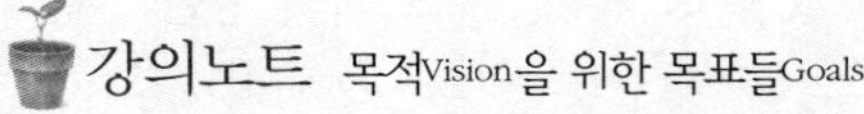

강의노트 목적Vision을 위한 목표들Goals

1. 영적인 목표를 세운다.

부부가 영적 생활의 성장을 위해 함께 시간을 투자해야 합니다. 두 사람이 함께 영적으로 성장해 나가는 것입니다.

∨ 계획을 세워 성경 읽기

∨ 큐티 나눔

∨ 교회 또는 선교 단체의 특별 프로그램 참석하기

2. 정서적 목표를 세운다.

정서적으로 성장하고 공감의 폭을 넓혀 나가는 것입니다.

∨ 가정에 관한 책을 함께 읽고 나누기

∨ 부부 세미나와 가정 문제를 다루는 집회에 함께 참석하기

∨ 함께 여행하기

3. 육체적 목표를 세운다.

건강한 육체를 위해 체력을 단련하는 것이다. 건강은 건강할 때 지켜야 하며, 건강을 지키기 위해서는 장·단기 계획이 필요합니다. 건강은 잃기는 쉬운데 회복하기는 너무 어렵습니다. 늦지 않았을 때 시작하십시오.

∨ 운동 계획을 세우기

∨ 정기 검진을 계획하기

∨ 식단을 연령대별로 짜기

부부가, 아니 온 가족이 머리를 맞대고 우리 가정의 목적을 생각해 보십시오. 그리고 그 목적을 향해 나아가는 과정의 장·단기 목표를 세워 보십시오. 삶의 방향과 질이 달라질 것입니다. 그 과정 속에서 우리는 행복을 느끼며 행복한 가정을 세울 수 있을 것입니다.

phrase 그러므로 내가 달음질하기를 향방 없는 것같이 아니하고 싸우기를 허공을 치는 것같이 아니하여. 고린도전서 9:26
만일 여호와를 섬기는 것이 너희에게 좋지 않게 보이거든 너희 열조가 강 저편에서 섬기던 신이든지 혹 너희의 거하는 땅 아모리 사람의 신이든지 너희 섬길 자를 오늘날 택하라 오직 나와 내 집은 여호와를 섬기겠노라. 여호수아 24:15

prayer 우리 가정을 향하신 하나님의 뜻을 알게 하소서. 목적을 세우고, 그 목적을 위한 중단기 목표를 세워 목적이 이끌어 가는 가정을 이룰 수 있도록 인도하소서.

가정의 정체성을 찾아라

우리 부부는 참 달랐습니다. 아내는 무엇이든지 맺고 끊는 것이 분명했고, 결벽증에 가깝도록 깔끔한 성격이었습니다. 하지만 나는 무엇이든지 다 좋고, 대충 넘어가는 성격이었습니다.

연애할 때는 참 좋았습니다. 나와 전혀 다른 아내의 모습, 그것이 내겐 환상적이었습니다. 그 모습에 내 마음이 끌렸습니다. 늘 옳고 그름을 정확히 진단하고 결정했습니다. 또 사람을 보는 눈이 예리해서 좋은 사람과 그렇지 않은(?)사람을 잘 선별해서 제게 많은 충고와 조언을 해 주었습니다. 나는 그런 아내를 사랑했습니다. 아내 또한 나의 무던한 모습, 모든 것을 다 품는 듯한 통 큰 남자다움에 빠졌습니다. 나의 모습을 사랑했습니다.

그런데 결혼하자 서로 다른 것이 문제가 되기 시작했습니다. 나는 아내가 못마땅했습니다.

"왜 여자가 그렇게 강하냐?"

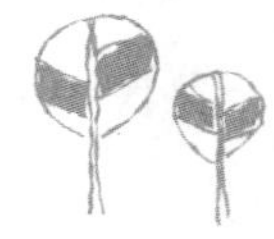

"왜 사사건건 나를 가르치려 들어?"

아내는 아내대로 따질 일이 많아졌습니다.

"왜 남자가 그렇게 우유부단하지? 왜 빨리 빨리 결정 내리지 못하지?"

"왜 그렇게 대충 대충 처리할까?"

크고 작은 싸움이 끊이질 않았습니다. 겉으로는 평온한 것 같았지만, 늘 마음에는 불편함과 불만으로 가득 차 있었습니다. 서로의 차이 때문이었습니다.

아내는 경상도 출신이고, 나는 경기도 출신이었습니다. 출신 지역이 다르니 식성도 서로 달랐습니다. 국을 먹을 때도 나는 국물을 주로 먹고, 아내는 건더기를 주로 먹는 버릇이 있었습니다. 잠버릇도 달랐습니다. 아내는 종달새형이라 밤 아홉 시만 되면 졸려 했고, 나는 그때부터 눈이 반짝반짝해지는 올빼미형이었습니다. 당연히 늦잠에 빠진 나한테 이른 새벽에 일어나, 함께 산책을 가자는 아내를 이해할 수 없었습니다.

"귀찮게 굴지 말고, 잠이나 자자!"

그 말에 아내는 상처를 받고 혼자 산책을 다니며, 혼자 운동하는 버릇이 생기기도 했습니다.

나는 더운 것을 싫어해 한겨울에도 이불을 잘 덥지 않고 자는 버릇이 있었고, 아내는 한여름에도 이불을 뒤집어쓰고 자야 하는 버릇이 있었습니다. 정말 도저히 이해가 되지 않는 부분이 한두 가지가 아니었습니다.

우리는 이렇게 결론 내릴 수밖에 없었습니다.

"우리는 한국에 태어났다는 것 말고 같은 구석이 하나도 없구나!"

남녀의 차이, 성격의 차이, 문화의 차이, 가치관의 차이 등으로 인해 이혼 이야기가 자주 나오고, 결국 이혼 직전의 위기까지 이르렀습니다. 어쩌면 당연한 귀결이었는지도 모릅니다.

하지만 그 위기의 순간에 하나님은 저희 부부에게 기회를 주셨습니다. 각자 예수님을 만났고, 우리 부부에게 어떤 문제가 있었는지를 알았습니다.

처음에 나는 이렇게 생각했습니다.

"내겐 아무 문제도 없어!"

하지만 시간이 갈수록 생각이 변하기 시작했습니다.

"내게도 문제가 조금은 있구나……."

하지만 결국 깨달을 수 있었습니다.

"모든 문제는 내게 있구나!"

하지만 이런 일들을 어떻게 실생활에 적용해야 할지를 알 수가 없었습니다.

"예수님만 만나면 모든 것이 해결될 줄 알았는데……!"

현실은 그렇지를 않았습니다. 1991년 가을, 온누리교회의 하용조 목사님이 가정 사역에 '가' 자도 모르던 내게 가정 사역 프로그램을 만들어 줄 것을 요청하셨을 때, 나는 기절할 뻔했습니다.

"아니 목사님도 참. 그런 프로그램이 있으면 우리 부부가 들어야 할 판인데……. 지금 우리 부부도 겨우 목숨만 붙어 있는 실정인데……."

아내의 반응 역시 난감했습니다.

"가정 사역이요? 뭔가는 잘 모르지만 가정 사역이니 부부가 함께 해야 할 것 같은데, 아니 집에서 보는 것만도 싫은데 내가 왜 또 당신하고 교회에 가서도 같이 일을 해요? 싫어요. 당신 혼자서 해요!"

그때부터 나는 아침 일찍 혼자 교회에 나가 기도하는 습관이 생겼습니다.

"하나님, 정말 이것이 하나님의 뜻입니까? 왜 가정에 대해서는 아무것도 모르고, 겨우 목숨만 붙어 있는 우리 부부에게 이런 일을 시키시려고 하십니까? 저희는 할 수 없습니다. 하 목사님이 실수하시고 사람을 잘못 보신 것 아닙니까? 저는 다른 사역을 하고 싶습니다. 저는 어려운 사람들을 돕는 긍휼 사역을 하고 싶습니다. 그리로 보내 주세요."

그렇게 3개월 정도 기도하던 어느 날 아침 하나님은 갑자기 내게 말씀으로 응답하셨습니다. 기도하는 가운데 갑자기 가슴이 뜨거워졌습니다.

"너희를 준비한 것이 이때를 위함이 아니냐!"

하나님의 말씀이 내 가슴을 쳤습니다. 온몸에 땀이 흐르며, 눈물과 콧물이 쏟아졌습니다. 우리 부부의 지난 이야기가 파노라마처럼 머릿속을 스쳐 지나갔습니다.

모든 것이 하나님의 섭리하심이었고, 은혜였습니다. 나는 한참 동안 통곡했습니다.

"알았습니다. 하나님, 하겠습니다. 어떤 일이 있더라도 꼭 해 내고 말겠습니다."

그날 밤, 아내에게 아침의 경험을 이야기했습니다. 아내 역시 이번에는 승락했습니다.

"하나님의 뜻인가 보군요. 그렇다면 할 수 없지요. 한번 해 보십시다."

그래서 처음으로 둘이서 손을 붙잡고 기도했습니다.

"우리 가정에 이런 아픔을 주신 하나님, 이제 이런 우리 가정을 회복시키시고, 오히려 이런 아픔을 통해서 우리 가정을 성숙시키시고, 주위에 무너져 가는 많은 가정들을 회복시킬 수 있는 하나님의 도구, 은혜의 통로가 되게 해 주십시오."

눈물을 참 많이 흘렸습니다. 나중에 알고 보니, 하나님이 내게 주신 말씀은 모르드개가 죽을 운명에 처한 유대인을 구하기 위해 에스더에게 하신 말씀이었습니다.

무너져 가는 가정을 안타깝게 생각하시는 하나님은 우리 부부를 택하시고, 당신의 동역자로 세우기 위해 강한 훈련을 시키셨던 것이었습니다. 우리 부부의 만남, 사랑, 갈등, 이혼의 위기……. 그리고 하나님과의 만남, 잘 다니던 교회를 옮겨 온 일, 온누리교회와의 만남. 이 모든 것이 하나님의 은혜였고, 그것이 우리 가정을 향하신 하나님의 뜻이었습니다.

그때부터 우리 부부는 우리가 개인적으로 하고 싶어 하던 사역을 모두 내려놓고, 하나님이 우리 가정에 주신 뜻을 이루어 드리기 위해 가정 사역을 준비하기 시작했습니다. 가정 사역에 대해 전혀 몰랐던 우리였지만 열심히 공부하고 공부한 것을 삶에 실천해 나가면서, 성장하고 성숙해 나갔습니다.

지난날의 아픈 상처 때문에 힘들 때도 있었고, 포기하고 싶은 순간이 한두 번이 아니었습니다.

'이대로 끝내는 것이 좋지 않을까?'

'아, 이제 더 이상 버틸 수가 없다. 끝내자!'

이렇게 생각한 때가 수도 없이 많았습니다. 하지만 그때마다 기도하며 묵상하는 가운데, "너희를 준비한 것이 이때를 위함이 아니냐!" 하셨던 말씀이 우리 두 사람을 붙잡았고, 우리 가정을 붙들었습니다.

하나님의 뜻이 우리 가정을 통해서 이루어지고 있습니다. 아니 하나님의 뜻을 통해 우리 가정이 세워지고 있습니다. 하나님이 모든 가정을 향해 각기 세우신 뜻이 있습니다. 그 뜻을 깨달아 알아야 합니다. 그때 자신의 정체성과 가정의 정체성을 알 수 있습니다. 정체성을 깨닫고, 가치관을 세우고, 사명을 깨달은 자들이 행복한 삶을 사는 것입니다.

요즘 들어 많은 젊은 부부가 우리 부부에게 이런 말을 합니다.

"장로님 부부를 모델로 삼아야겠어요. 50대에는 장로님 부부처럼 살고 싶어요."

하나님은 미련한 우리 부부를 택하사 지혜 있는 사람들을 부끄럽게 하시고, 약한 우리를 택하사 강한 것들을 부끄럽게 하시며, 천하고 멸시받고 아무 것도 없는 우리를 동역자로 택하사 사용해 주셨습니다.

"하나님께서 세상의 미련한 것들을 택하사 지혜 있는 자들을 부끄럽게 하려 하시고 세상의 약한 것들을 택하사 강한 것들을 부끄럽게 하려 하시며 하나님께서 세상의 천한 것들과 멸시받는 것들과 없는 것들을 택하사 있는 것들을 폐하려 하시나니" 고린도전서 1:27-28

가정에 어려움이 닥쳐올 때마다, 우리 가정을 향하신 하나님의 뜻을 묵상하고, 부부가 함께 나누십시오. 새로운 용기와 하나님의 거룩한 임재를 체험하실 것입니다. 우리 가정을 향하신 하나님의 뜻을 아는 가정, 바로 그 가정이 행복한 가정입니다.

phrase 나 여호와가 말하노라 너희를 향한 나의 생각은 내가 아나니 재앙이 아니라 곧 평안이요 너희 장래에 소망을 주려하는 생각이라 너희는 내게 부르짖으며 와서 내게 기도하면 내가 너희를 들을 것이요 너희가 전심으로 나를 찾고 찾으면 나를 만나리라 나 여호와가 말하노라 내가 너희에게 만나지겠고 너희를 포로된 중에서 다시 돌아오게 하되 내가 쫓아 보내었던 열방과 모든 곳에서 모아 사로잡혀 떠나게 하던 본 곳으로 돌아오게 하리라 여호와의 말이니라 하셨느니라.
예레미야 29:11-14

prayer 가정에 어려움이 닥쳐올 때에도 낙망치 아니하고 우리 가정을 향하신 하나님의 뜻을 깨닫기를 소망합니다. 고난으로 쓰러지지 아니하고 하나님의 뜻이 우리 가정 안에서 이루어질 수 있도록 인내와 지혜를 주옵소서.

가족의 정체성을 세워 주라

현대를 살아가는 사람들의 문제 중 가장 심각한 것은 정체성의 문제입니다. 급변하는 사회 속에서 정체성을 상실한 많은 사람이 방황하고 있습니다. 그래서 알코올로, 도박으로, 섹스로, 스피드로, 폭력으로, 쾌락으로 잃어버린 정체성을 찾아 몸부림치고 방황합니다.

정체성의 혼돈은 가정의 문제이고 사회의 문제이기도 합니다. 남편으로서의 정체성, 아내로서의 정체성을 상실해 가고 있으며 정치인도 경제인도 모두 정체성의 부재 속에서 갈팡질팡하고 있습니다. 정체성은 한마디로 이야기하면 "나는 누구인가?" 하는 문제입니다. 이것은 인간의 가장 기본적인 질문입니다.

정체성의 문제는 인간이 원죄를 짓고 에덴동산에서 쫓겨나며 생겼습니다. 그들은 비록 자신이 잘못을 했지만, 하루아침에 그들이 살던 낙원에서 추방당하리라고는 생각조차 하지 않았을 것입니다. 쫓겨나며 불안과 외로움과 열등감 속에서 그들 마음속에 강하게 떠오른 질문이 바로 "나는 과연 누구일까?" 하는 것이었습니다.

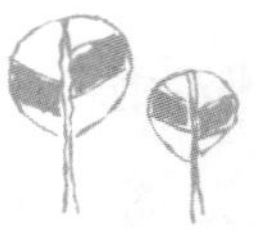

하나님은 우리에게 끊임없이 말씀하고 계십니다.
"너는 내 것이다."
"내가 너를 사랑한다."
"너는 존귀하고 보배로운 존재다."
"나는 너를 절대로 버리지 않는다."
인간의 정체성은 하나님과의 관계 속에서만 올바로 확립될 수 있습니다.

하지만 인간은 죄성과 상처 때문에 끊임없이 남과 비교하며 자신의 정체성을 확인하려고 합니다. 여기서부터 인간의 비극이 싹틉니다. 인생에서 가장 중요하고 힘든 시기는 사춘기와 사추기입니다. 사춘기와 사추기의 공통적인 주제 역시 정체성입니다. 사춘기는 정체성을 세우는 시기라면 사추기는 정체성을 확인하는 시기입니다.

자녀들은 사춘기에 자기 정체성을 세우기 위해 때로는 반항하기도 하고 때로는 방황하기도 합니다. 사추기를 지나는 아버지는 자기가 걸어온 길을 돌이켜 보며 자신의 정체성을 확인합니다.

"왜 저 친구는 나와 입사 동기인데 과장으로 진급시키고 나는 왜 아직도 계장이냐, 그럼 나는 뭐냐?"

직장에서 자신을 괴롭히는 문제입니다.

"왜 저 사람은 장로 시키고 나는 안 시켜 주나?"

교회에서도 스스로 비교하고 상처받습니다.

"나는 뭐냐? 내가 누군데 나를 제대로 대접하지 않는 거냐?"

정치판도, 경제판도 노동 문제도 따지고 보면 정체성의 문제들입니다. 그래서 목소리가 커지고, 끝내는 힘겨루기에 들어갑니다. 나를 제대로 알아주지 않는다는 것입니다.

가정에서도 마찬가지입니다.

"내가 과연 이 집안의 어머니인가, 아내인가, 아니면 가정부냐, 하녀냐?"

이런 문제로 아내들은 상처를 받습니다.

"내가 과연 이 집안의 가장인가, 남편인가, 아니면 돈벌어 오는 기계인가, 머슴인가?"

남편들도 마찬가지입니다.

"내가 도대체 아들이냐, 아니면 엄마 아빠 마음대로 조정하는 로봇이냐?"

자녀들은 자녀들대로 고민합니다.

그리스도인의 정체성은 십자가에 있습니다. 십자가는 자기 부인입니다.

"이에 예수께서 제자들에게 이르시되 아무든지 나를 따라 오려거 든 자기를 부인하고 자기 십자가를 지고 나를 좇을 것이니라"마태복음 16:24

세상 사람들은 자기를 내세우며 자랑하는 것으로 자기 정체성을 세웁니다. 하지만 그리스도인은 반대로 자기를 부인할 때 정체성이 세워집니다. 나를 자랑하는 것이 아니라 십자가를 자랑할 때 정체성 이 세워집니다.

"그러나 내게는 우리 주 예수 그리스도의 십자가 외에 결코 자랑 할 것이 없으니 그리스도로 말미암아 세상이 나를 대하여 십자가에 못 박히고 내가 또한 세상을 대하여 그러하니라"갈라디아서 6:14

자기중심에서 십자가로 중심을 이동해야 하는 것입니다. 가정도 마찬가지입니다. 하나님이 기뻐하시는 가정은 십자가에 중심이 있 는 가정입니다.

행복한 가정을 세우기를 원하십니까? 그렇다면 당신이 먼저 행복해야 합니다. 내가 행복하지 않으면 행복을 나눠줄 수 없습니다. 배우자를 통해 행복을 찾으려고 하면, 좌절하고 분노하게 됩니다. 행복은 자기 정체성을 확인할 때 얻을 수 있습니다. 남들과 비교하지 마십시오. 나의 필요를 채워 달라고 주장하지 마십시오.

행복은 하나님과의 관계를 정립하고 자기를 부인할 때 얻을 수 있는 것입니다. 자기를 부인한다는 것은 상대방의 필요를 먼저 채워주는 것입니다. 대접받고 싶은 대로 먼저 상대방을 대접하는 것입니다. 이기심을 포기하며 내 유익을 구하지 않는 것입니다.

"그러므로 무엇이든지 남에게 대접을 받고자 하는대로 너희도 남을 대접하라 이것이 율법이요 선지자니라"마태복음 7:12

가정에 문제가 있습니까? 그렇다면 가정에서도 성육신의 사건이 있어야 합니다. 파멸과 죽음의 길로 가고 있는 인간을 구원하시기 위해 말씀인 예수님이 육신이 되어 이 땅에 오시고, 말씀대로 사시고, 말씀대로 죽으시고, 말씀대로 부활하신 사건이 성육신입니다. 만일 우리 가정에 이런 성육신의 사건이 끊임없이 이루어진다면 우리의 가정은 하나님이 기뻐하시는 가정이 될 것입니다.

가정에서는 누가 십자가에 못 박혀야 할까요? 바로 하나님의 대리자인 아버지입니다. 아버지가 십자가에 못 박혀야만 아내가 하나님의 형상으로 회복되고 자녀들이 돌아옵니다. 그때 하나님이 아버지를 부활시켜 주실 것입니다.

phrase 너희 안에 이 마음을 품으라. 곧 그리스도 예수의 마음이니 그는 근본 하나님의 본체시나 하나님과 동등됨을 취할 것으로 여기지 아니하시고, 오히려 자기를 비워 종의 형체를 가져 사람들과 같이 되었고, 사람의 모양으로 나타나셨으매 자기를 낮추시고 죽기까지 복종하셨으니 곧 십자가에 죽으심이라 빌립보서 2:5-8

prayer 우리 가정을 항상 주 십자가의 보혈로 정결케 해 주세요. 자기를 부인하고 상대방의 필요에 먼저 귀 기울이는 사람이 되길 소망합니다. 우리 가정의 중심에 늘 십자가가 있게 하소서. 하나님과의 관계 속에서 정체성을 찾게 하소서.

최고의 가정 CEO가 되라

행복한 가정은 연구하고 투자할 때 실현됩니다.

행복한 가정을 위해 작전타임이 필요하다 웃고 싶지 않을 때도 웃어라

행복은 가족이 함께하는 시간과 비례한다 스킨십은 말보다 강하다 식탁이 살아야 가정이 산다

변강쇠 신드롬을 극복하라 은혜의 법으로 살라 부부의 영성이 가정을 살린다

행복한 가정을 위해
작전타임이 필요하다

우리는 전문인이 되기 위해 많은 것을 배웁니다. 의사, 교수, 교사, 변호사, 검사, 판사, 간호사, 경영인 등이 되기 위해서 시간과 물질, 그리고 재능을 투자해서 배우고 또 배웁니다.

하지만 남편이 되기 위해, 아버지가 되기 위해, 또 아내가 되고, 어머니가 되기 위해서는 아무것도 배우지 않습니다. 사랑해서 결혼했고, 그래서 남편과 아내가 됐고, 어느 날 자녀를 낳아 아버지와 어머니가 되었을 뿐입니다. 그래서 부모님들이 하신 대로, 남들이 하는 대로, 또는 삶의 경험을 토대로 살고 있을 뿐입니다.

어떤 가정 사역자는 이렇게 이야기합니다.

"어머니가 되기 위해서는 최소한 10개월은 걸린다. 하지만 아버지가 되기 위해서는 겨우 두세 시간밖에 걸리지 않는다."

어머니들은 보통 태교를 하고 이것저것 준비하면서 10개월 동안 어머니가 되는 준비를 합니다. 이에 반해 아버지들은 아내가 해산의 고통을 하는 동안 병실 밖에서 '아들일까 딸일까?'를 생각하고 있는

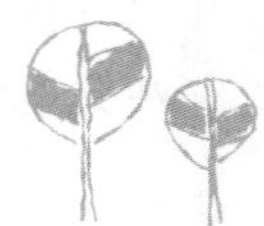

바로 두세 시간 동안이 아버지로 준비되는 시간이라는 이야기입니다. 하지만 어떤 아버지는 그 두세 시간마저도 함께하지 못하는 경우가 많습니다. 해외나 지방 출장 등의 일로, 어떤 분은 술에 취해 있는 사이 아버지가 되기도 한다는 것입니다.

아버지는 가정의 운전자입니다. 하지만 아버지는 운전 면허증 없이 핸들을 잡고 운전을 시작하는 것입니다. 무면허 운전으로 인해 각종 사고를 내고, 또 어떤 분은 무면허에다 음주 운전과 난폭 운전과 과속 운전으로 가족을 공포로 몰아넣기도 합니다. 어떤 분은 자기가 운전하지 않고 대리운전을 시키는 분도 있고, 어떤 분은 늘 피로에 지쳐 졸음 운전하는 분도 있습니다. 그래서 교통사고가 끊이지를 않고 증가하고 있습니다. 많은 사람이 죽기도 하고 회복이 불가능한 상처도 받는 것입니다. 가정뿐만 아니라 온 사회가 몸살을 앓고 있는 것입니다.

문제는 남자들의 경우, 가정 문제에 대해선 거의 배우려고 하지를 않는다는 것입니다. 어느 가정 사역자가 이런 말을 했습니다.

"만일 이 세상의 남자들이 가정을 경영하듯이 기업을 경영한다면, 이 세상 거의 모든 기업들이 부도가 날 것이다."

이 말처럼, 남자들이 가정 경영에 대해서 아무것도 모른다고 해도 지나친 말은 아닙니다.

가정 세미나를 열면 여성들만 참석하는 것이 오늘의 현실입니다. 남편들이 참석하지 않는 이유를 들어 보면 대개 이렇습니다.

"나 정도면 됐지. 뭘 더 어떻게 하라고……."

"내가 배울 것이 뭐 있냐? 가서 가르치라면 또 몰라도……."

"나는 여기서 더 이상 잘하면 인간도 아니다."

"아, 그거 뻔한 소리, 설거지 좀 해 주고, 청소 좀 해 주고, 아내 힘든 것 좀 덜어 주라는 이야기, 그거 해 주면 될 것 아니야. 난 다 아는 이야기니까 당신이나 갔다 와. 나 시간 없어!"

가정 사역자로서 수강생들한테 가장 많이 듣는 피드백이 무엇인 줄 아십니까?

"내가 좋은 남편 좋은 아버지인 줄 알았는데, 아닙니다. 정말 가정에 대해서 몰랐고, 나한테 문제가 있었어요."

"장로님, 저는 사랑이 무엇인지, 또 그 사랑을 어떻게 표현해야 하는지 몰랐습니다. 그저 열심히 돈만 벌어다 주면 되는 줄 알았습니다."

"왜 제 아내가 그렇게 힘들어 하는지 도무지 이해할 수가 없었습니다. 복에 겨워 그런다고 오히려 화를 내고 그냥 핀잔만 주었지요.

어머니와 관계에 대해서도 아내가 힘들다고 말하면, ‘뭐 그 정도 가지고 그러냐? 우리 어머니가 다른 사람에 비해서는 그래도 괜찮은 편이다. 그런 어머니가 어디 있어?’ 하면서 몰아세웠지요. 그랬는데 아내가 이제 깊이 병이 들었습니다. 지금까지 몰라도 너무 몰랐어요. 어쩌면 좋지요?”

“전 제가 아내와 그렇게 다른지 처음 알았어요. 좀 차이가 있다는 생각은 해 보았지만, 그렇게 다르다니……. 남녀의 차이, 성격의 차이, 욕구의 차이, 상처의 차이, 문화의 차이, 정말 제가 너무 무식했어요. 이런 것들을 좀 더 일찍 배웠더라면 좋았을 것을…….”

우리는 가정에 대해, 그리고 서로에 대해 너무 무지합니다. 사랑하는 법도, 살아가는 법도 다 배워야 합니다. 배우는 것이 힘입니다. 사랑은 상대방을 알아 가는 과정입니다. 사랑이 깊어질수록 상대방을 많이 알고 이해할 수 있습니다. 무지하게 살아가는 것은 방향 없이 다니는 것과 같습니다. 배운다는 것은 올바른 방향을 결정짓는 중요한 일입니다. 속도보다 중요한 것은 방향입니다. 올바른 방향이 올바른 삶으로 이끄는 것입니다.

인간이 동물과 다르다는 것 중의 하나는 인간은 변화와 성숙을 추구하는 존재라는 것입니다. 인간은 변화와 성숙을 통해 새로운 자기를 창조해 나가며, 환경을 변화시키는 존재입니다. 변화와 성숙의 몸짓을 포기하는 순간, 그는 이미 인간이기를 포기하는 것이

나 마찬가지입니다. 변화와 성숙을 위해서는 끊임없이 배우고 익혀
야 합니다.

미국의 많은 대기업 CEO가 결혼 생활에 실패하고 있다고 합니
다. 물론 많은 시간을 회사와 자신을 위해 투자해 왔기 때문에 가정
을 돌볼 시간이 없었으리라 생각할 수 있습니다. 하지만 이들의 이
혼 소송을 담당했던 변호사들에 따르면, 이들의 결혼 생활 실패는
단순한 시간상의 문제가 아니었다고 합니다.

 **강의노트** 세상 경영에는 유능한 사람들이 가정 경영에 실패하는 이유

1. 무지하다.

가정을 회사 조직을 다루듯 하는 무지함입니다.

2. 유혹의 손길이 많다.

돈과 명예가 쌓이면서, 주위를 둘러싸고 있는 끊임없는 유혹
의 손길이 뻗쳐 옵니다.

3. 아내와 함께 성장하지 못한다.

집에만 있는 아내들은 상대적인 열등감에 시달립니다. 남편
은 나날이 성장하고 있지만 집에만 있는 아내는 성장할 기회
가 없어 상대적으로 열등감이 쌓이게 되고, 그것이 두 사람
의 관계를 더 어렵게 만듭니다.

내가 성장하는 것은 아주 중요합니다. 하지만 돕는 배필을 함께 성장시키는 것은 더욱 중요합니다. 호르몬의 변화로 인해 중년 여성은 가정을 뒤로 하고 자꾸 세상으로 나아가려는 충동을 느끼기 시작합니다. 또 자녀가 어느 정도 성장하면 여성에게도 자아실현의 욕구가 꿈틀거리기 시작합니다. 중년 여성들의 자아실현 욕구와 세상으로 나가려는 욕구를 잘 충족시켜 주기 위해서라도 배움은 필요합니다.

가정은 몸입니다. 몸은 교육과 훈련을 통해 건강하게 단련되며 성장합니다. 가정도 마찬가지입니다. 끊임없는 교육과 훈련을 통해 단련하고, 또 수시로 가정에서 일어나는 여러 가지 일을 정기검진해야 합니다.

"우리의 관계가 말씀의 원리 위에 세워져 가고 있는가?"
"올바른 방향으로 나가고 있는가?"
"우리의 대화 수준은 어떠한가, 우리는 함께 성장하고 있는가?"
"성생활에는 어떤 문제가 없는가?"

이런 문제에 대해 수시로 점검해 볼 필요가 있습니다.
인생은 한 편의 스포츠 게임과도 같습니다. 스포츠 게임에는 전반전과 후반전이 있습니다. 전반전의 승리도 중요합니다. 하지만 후반전에서 승리해야 진짜로 승리하는 것입니다. 전반전에서 실패했을 수도 있습니다. 하지만 후반전에서 만회하면 승리할 수 있습니다. 후반전을 결정짓는 것은 바로 전반전과 후반전 사이에 있는 하프타임입니다.

가정에 대해서 무지했기에 전반전의 가정생활은 실패했을 수도 있습니다. 하지만 지금 부부가 함께 하프타임을 잘 보낸다면 후반전에서는 훌륭한 가정생활을 이끌 수 있는 기회를 얻을 것입니다.

 **강의노트** 행복한 가정 생활을 위한 하프타임 작전 명령

1. **부부가 함께 정기적인 교육과 훈련 과정에 참여한다.**
   성장은 교육과 훈련을 통해 이루어집니다. 교육과 훈련을 통해 자신을 점검해 보며, 가정의 방향성을 재정립하는 시간을 가져야 합니다.
2. **가능한 한 부부가 함께 참여한다.**
3. **일 년에 한 번 이상은 피교육자로, 혹은 자원 봉사자로 참가한다.**
   적극적인 자세로 자신과 자신의 가정을 돌아보는 지혜가 필요합니다.

진정한 사랑은 상대방을 내 타입으로 바꾸려 하지 않고, 상대방을 성장시켜 나가는 것입니다. 내 타입이 아닌, 주님의 타입으로 성

장시키며 자신도 함께 성장하는 것, 그것이 진정한 사랑입니다. 그
사랑 위에 견고한 가정, 행복한 가정이 세워질 것입니다.

phrase 망령되고 허탄한 신화를 버리고 오직 경건에 이르기를 연습하라 육체의 연습은 약간의 유익이 있으나 경건은 범사에 유익하니 금생과 내생에 약속이 있느니라. 디모데전서 4:7-8

prayer 우리 부부가 서로 사랑하므로 끊임없이 알아가고자 하는 마음을 주세요. 서로를 위해 내 시간을 내어 주며 서로에 대해 함께 배우고 실천해서 함께 성장하게 하소서.

웃고 싶지 않을 때도 웃어라

'웃음은 생명의 음악'이라고 윌리엄 오슬로는 말했습니다. 웃음은 횡격막을 완화시키고 폐를 운동시키며, 혈액 속의 산소량을 증가시켜 심장과 혈관의 상태를 좋게 가다듬어 준다고 합니다. 그래서 노먼 커즌즈는 웃음을 '체내의 달리기Jogging'라고 명명하기도 했습니다. 환자가 10분 동안 통쾌하게 웃으면 두 시간 동안 고통 없이 편안한 잠을 잘 수가 있으며, 웃음은 체내 면역체를 강화시켜 세균의 침입이나 확산을 막아 주는 힘을 증가시킨다는 것입니다.

웃음은 분위기를 밝게 해 줍니다. 서로가 상대방을 웃으면서 대하면 한결 부드럽고 다정한 사이가 됩니다. 웃음이 있는 곳에 자연스럽게 많은 사람이 모여듭니다. 웃음은 마음의 여유를 가져다주고, 웃음은 상대방을 당기는 힘이 있어 공동체를 든든하게 해 주며, 성장하게 만듭니다. 웃음은 전염성이 강해 분위기를 바꾸는 힘을 가지고 있습니다. 웃음의 가장 중요한 심리적 작용은 창의력을 개발시켜 준다는 것입니다.

요즈음은 유머 감각이 공동체의 리더십 덕목 중에 중요한 것으로 손꼽히고 있습니다. 웃음을 만들 수 있는 지도자를 원하는 것입니다. 웃음이 있는 사람은 건강한 사람입니다. 웃음이 있는 가정은 건강한 가정입니다.

웃음이 사라진 가정, 그곳은 이미 가정이 아닙니다. 그곳은 지옥입니다. 웃음이 있는 가정을 만들기 위해 유머 감각을 개발할 필요가 있습니다. 유머 감각을 개발하기 위해서는 끊임없이 노력하고 훈련해야 합니다. 라디오, 텔레비전, 신문, 서적, 인터넷 등에서 유머를 찾아 자기 것으로 소화시키고, 유머 노트를 준비하여 기록해 두고, 그것을 가지고 먼저 가족들에게 적용시켜 보며 가족들을 즐겁게 해 주고 자신도 즐거워하는 것입니다.

심리학자가 마음의 건강을 측정하는 최선의 방법 중에 하나는 "가벼운 태도로 조롱하듯이 자기에 대해 웃을 수 있는 능력이 있느냐?"라고 물어보는 것입니다. 이 질문에 대해 긍정적인 답을 하는 사람은 마음의 여유가 있다는 의미입니다. 하지만 웃지 않는 사람들은 주로 이렇게 말합니다.

"누가 웃고 싶지 않나요? 웃고 싶지만 걱정거리가 태산 같은데 웃음이 나옵니까?"

물론 이 말도 일리가 있는 이야기입니다. 하지만 웃을 일이 있어서 웃는 것은 누가 못하겠습니까? 유머 감각을 개발한다는 것은 근본적인 발상의 전환을 의미하는 것입니다. 윌리암 제임스의 말처럼, 우리는 행복하기 때문에 웃는 것이 아니고, 웃기 때문에 행복한 것입니다.

"인생을 바꾸기는 어렵다. 하지만 생각을 바꾸기는 쉽다."

언젠가 어느 교도소에 갔다가 인상적으로 읽은 표어입니다.

그렇습니다. 생각이 바뀌어야 언행이 바뀌고, 언행이 바뀌어야 습관이 바뀌고, 습관이 바뀌어야 성품이 바뀌고, 성품이 바뀌어야 인생이 바뀌는 것입니다.

그렇다면 생각을 어떻게 바꿀 수 있겠습니까? 생각을 바꾸는 힘, 그것은 웃음에서 나옵니다. 발상의 전환을 만드는 것이 웃음입니다.

가만히 생각해 보면 예수님은 늘 빙그레, 또는 잔잔히 웃고 다니셨을 것입니다. 세상이 알지 못하는 기쁨과 평안과 감사가 넘쳐서 그분은 늘 웃고 다니셨을 것입니다.

"내 기쁨이 너희 안에 있어 너희의 기쁨을 충만하게 하려 함이라"
요한복음 15:11

벽을 허무는 것도 웃음이요, 화해를 돕는 시작도 웃음입니다. 그리고 그 웃음을 가르치는 곳은 가정입니다.

하지만 가족에게 상처를 주는 유머는 서로에게 전혀 도움이 되지 않습니다. 내가 아는 집사님은 유머가 많은 분인데, 가족들과 외출을 나갔다가 호박을 보고는 "아이고 우리 마누라가 왜 여기 와 있나?"라고 농담을 하기도 했답니다. 또 돼지우리 앞에 가서 새끼 돼지들이 꿀꿀거리고 있는 것을 보고 "아이고 우리 애들이 왜 여기와 있나?"라며 껄껄 웃었답니다. 그 이야기를 듣고 있던 아내와 자녀들의 마음은 어떠했을까요? 가족들은 겉으로는 웃었을지 모르지만, 마음속에는 큰 상처로 생겼을 수도 있습니다. 이런 것은 유머가 아닙니다.

그리고 보면 나도 아내를 참 많이 놀렸던 것 같습니다. 아내가 좀 작다고 '짜리○○'이라고 하기도 하고, 아내가 살이 쪘다고 걱정을 했을 땐, '괜찮아 더 찌면 내가 굴리고 다닐 테니까.'라고 했던 기억도 납니다. 물론 웃기라고 한 이야기지만 아내가 두고두고 그때 이야기를 하는 것을 보면 큰 상처를 받았던 게 분명합니다. 그리고 이렇게 상처받은 이야기는 절대로 잊어버리지 않고 가슴속에 깊이 새겨둔다는 것이 문제입니다. 아내를 비하하고, 자녀들을 가지고 조롱하는 듯한 유머는 절대로 해서는 안됩니다. 그것은 유머가 아니라, 독약입니다.

나는 실제로 유머 감각이 별로 없었던 사람입니다. 하지만 가정에 웃음꽃을 피우는 사람이 되기 위해서 정말 많은 노력을 했습니다. 신문이나, 책에서, 또는 친구에게서 들은 유머는 잘 메모해 놓았다가 각색했습니다. 그러고는 집에 돌아와 꼭 아내에게 들려주었습니다. 아내가 재미있다고 웃으면 나는 더 신이 나서 유머를 들려주고는 했습니다. 아내가 늘 아주 재미있게 들어주어 나는 내 스스로 아주 유머를 잘하는 줄 알았습니다.

그런데 어느 날, 아내가 재미있어 한 유머를 두 아들 앞에서 했더니, 두 녀석이 전혀 웃지 않는 것이었습니다.

"야, 엄마는 재미있다고 했는데, 너희들은 왜 재미없냐?"

"아버지, 썰렁해요. 아니 엄마가 재미있어 웃으셨겠어요?"

순간 아내를 힐끗 쳐다보았더니, 아내는 빙그레 웃고만 있었습니다. 그때 나는 '진실'을 깨닫고, 얼굴이 화끈 달아오르는 것을 느꼈습니다. 하지만 포기하지 않았습니다. 부단히 노력한 끝에 어느 날, 두 아들로부터 "아버지, 이제 되셨습니다. 아주 재미있는데요."라는 말을 들을 수 있었습니다.

건강한 웃음이 있는 가정, 그 가정이 행복한 가정입니다. 웃음은 자신을 건강하게 만들 뿐 아니라, 가정을 건강하게 만드는 강력한 힘입니다. 웃음은 마음의 치료제일 뿐만 아니라, 몸의 미용제입니다. 사람은 누구나 웃을 때 가장 아름답습니다. 그와 마찬가지로 가정에 웃음이 넘칠 때, 그 가정은 가장 행복합니다.

phrase 여호와께 구속된 자들이 돌아와서 노래하며 시온으로 들어와서 그 머리 위에 영영한 기쁨을 쓰고 즐거움과 기쁨을 얻으리니 슬픔과 탄식이 달아나리다. 이사야 51:11

prayer 구원받은 자로서 우리 가정에 늘 건강한 웃음이 넘치게 하소서. 상대방에게 자신감을 심어 줄 수 있는 재치를 허락해 주세요. 세상의 기준이 아니라, 예수님으로 인해 늘 기쁨이 넘치게 하소서.

행복은 가족이 함께하는 시간과 비례한다

21세기의 특징은 빠르다는 것입니다. 아날로그 시대의 1년은 12개월이었지만, 디지털 시대의 1년은 그보다 훨씬 짧다고 합니다. 실제로 웹이어web-year에서의 1년은 3개월이라는 이야기가 나온 것이 불과 1, 2년 전입니다. 그런데 이제는 1개월도 채 되지 않는다고 합니다. 쉴 새 없이 바뀌고 있다는 뜻일 것입니다.

사람들은 끊임없이 쏟아지는 새로운 정보와 지식의 홍수 속에서 정신없이 헤엄치며 다니고 있습니다. "바쁘다. 바빠!" 하는 말을 버릇처럼 하고 다닙니다. 그래서 요즘은 인사말도 "점심 드셨습니까?"가 아니라 "바쁘시지요?" "얼마나 바쁘세요?"로 자연스럽게 바뀌었습니다.

할 일이 많고, 바쁘다는 것은 어쩌면 축복일 수 있습니다. 하지만 문제는 할 일이 너무 많다 보니 삶에 있어서 우선순위를 정하기 어렵다는 것입니다. 우선순위를 올바르게 정하지 못하고 일에 쫓겨 다닐 때 문제가 생겨납니다.

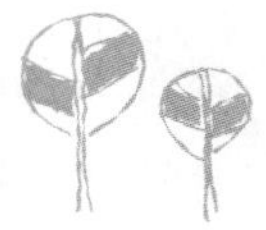

우리 삶에는 급한 일과 중요한 일이 있습니다. 문제는 급한 일을 쫓아다니느라 중요한 일이 뒷전으로 밀어 둔다는 것입니다.

더글러스 태프트 코카콜라 회장의 말을 통해 여러 가지 역할 중 어느 것이 더 중요한가를 생각해 봅니다.

"인생을 공중에서 다섯 개의 공을 돌리는 게임^{juggling} 이라고 상상해 보십시오. 각각의 공을 일^{work}, 가족^{family}, 건강^{health}, 친구^{friends}, 영혼^{spirit} 이라고 명명하고, 당신은 그 모든 공을 공중에서 돌리고 있습니다. 조만간 당신은 일이라는 공은 고무공이어서, 그것을 떨어뜨리더라도 그 공은 바로 튀어 오른다는 것을 알게 될 것입니다. 하지만 다른 네 개의 공(가족, 건강, 친구 그리고 영혼)은 유리로 되어 있다는 것도 알게 될 것입니다. 만일 당신이 유리공 하나를 떨어뜨린다면 떨어진 공은 닳고, 상처입고, 긁히고, 깨지고, 흩어져 버려 다시는 전과 같이 될 수 없을 것입니다. 이 사실을 이해하고, 인생에서 이 다섯 개 공의 균형을 위해 노력해야 할 것입니다. 그럼 어떻게 균형을 유지할 수 있을까요?

자신을 다른 사람과 비교함으로써 당신 자신을 과소평가하지 마십시오. 왜냐하면 우리 각자는 모두 다르고 특별한 존재이기 때문입니다. 당신의 목표를 다른 사람들이 중요하다고 생각하는 것들에 두지 말고, 자신이 가장 최선이라고 생각하는 것에 두십시오. 당신 마음에 가장 가까이 있는 것들을 당연하게 생각하지 마십시오. 당신의 삶처럼 그들에게 충실하십시오. 그들이 없는 당신의 삶은 무의미합니다. 과거나 미래에 집착해 당신의 삶이 손가락 사이로 빠져 나가게 하지 마십시오. 당신의 삶이 하루에 한 번인 것처럼 살아감으로써 인생의 모든 날을 사는 것입니다.

아직 줄 수 있는 것이 남아 있다면 결코 포기하지 마십시오. 당신이 노력을 멈추지 않는 한 아무것도 진정으로 끝난 것은 없습니다. 당신의 완전하지 못함을 인정하기를 두려워 마십시오. 우리를 구속하는 것이 바로 이 덧없는 두려움입니다. 위험에 부딪치길 두려워 말고, 용기를 배울 수 있는 기회로 삼으십시오.

찾을 수 없다고 말함으로써 당신의 인생에서 사랑의 문을 닫지 마십시오. 사랑을 얻는 가장 빠른 길은 주는 것이고, 사랑을 잃는 가장 빠른 길은 사랑을 너무 꽉 쥐고 놓지 않는 것이며, 사랑을 유지하는 최선의 길은 그 사랑에 날개를 달아 주는 것입니다.

시간이나 말을 함부로 사용하지 마십시오. 둘 다 다시는 주워 담을 수 없습니다. 인생은 경주가 아니라 그 길의 한 걸음 한 걸음을 음미하는 여행입니다. 어제는 역사이고, 내일은 미스터리이며, 그리

고 오늘은 선물입니다. 그렇기에 우리는 현재present를 선물present이
라고 말합니다."

　우리 삶에 있어서 가장 가까이 있고, 중요한 것은 가족입니다. 가
족이야말로 우리가 지켜야 할 최고의 가치이며 우리가 충실해야 할
최고의 사명입니다. 또한 가족은 관계입니다. 관계의 기본은 신뢰
입니다.
　신뢰는 친밀감에서 비롯되는 것입니다. 건강한 가족, 행복한
가정을 만들기 위해서는 가족간의 친밀감을 쌓아야 합니다. 친밀감
을 쌓는다는 것은 함께한다는 것입니다. 함께한다는 것은 함께 시
간을 보내며, 함께 같은 일을 하고, 함께 여행을 하며, 함께 공감하
고, 함께 의견을 나누고, 함께 비전을 나누며, 함께 피부를 맞대는
것입니다.
　함께 시간을 보낸다는 것은, 서로의 존재를 인정해 준다는 뜻입
니다. 서로를 지원해 주는 일입니다. 온 가족이 함께하는 시간을 만
들어야 합니다. 일주일의 스케줄을 정할 때, 반드시 가족과 함께 할
수 있는 시간을 먼저 정하십시오. 함께 저녁 식사를 한다든지, 함께
영화를 보러 간다든지, 아니면 함께 봉사 단체를 방문한다든지, 함
께 운동장을 찾아가 특정 팀을 응원한다든지, 함께 낚시, 등산 등의
레포츠를 즐긴다든지, 함께 집안 대청소를 한다든지 하십시오. 이런
일을 함께 할 때, 가족간의 친밀감이 쌓일 것입니다. 물론 이런 일을

할 때는 계획 단계부터 온 가족이 함께 모여 의논하고, 토론도 하고, 결정하는 것이 더욱 좋습니다.

어디론가 온 가족이 여행을 가거나, 이사를 할 때 자녀들의 의견을 물으면, 자녀들이 커다란 안정감과 소속감, 가치감을 키울 수 있습니다. 자녀들이 "어디로 가는 거예요?" 물을 때, "너는 잠자코 따라와! 가 보면 알아!" 하고 말한다면, 자녀들은 상처를 받습니다. 자녀들이 원하는 것은 단순히 야구공이나 축구공을 사 주는 것이 아닙니다. 그들이 진정 원하는 것은 아버지가 그들을 위해 시간을 내어 주고, 함께하는 것입니다. 그들이 진정 원하는 것은 아버지와 함께 공을 차고, 야구를 하는 것입니다.

시간을 내어 준다는 것은 생명을 나눠 준다는 것이며 삶을 나눈다는 뜻입니다. "하나님은 사랑이시라."라는 말은 하나님은 영으로 영원 속에 존재하시는 분이지만 우리와 함께하기 위해 33년이라는 짧은 시간 속으로 들어오셔서 삶을 나누시고 생명을 주셨다는 의미입니다. 자녀는 부모님과 삶을 나누기 원합니다. 생명을 나눠 주길 원하는 것입니다.

일단 자녀들과 한 약속은 꼭 지키도록 노력해야 합니다. 약속을 밥 먹듯 어겨서는 차라리 하지 않느니만 못합니다. 무시당했다는 생각, 원망과 불신으로 상처가 깊게 남을 것입니다. 또 사람을 믿지 않고 고독한 아이가 되기 쉽습니다. 약속을 지키지 못했을 때는 꼭 용서를 구하십시오.

함께 예배를 드리고, 교회의 행사나 프로그램에 함께 참여하는 일도 매우 중요한 일입니다. 영적인 일에 함께 참여하는 일을 통해 영적인 친밀감을 쌓아갈 수 있고, 가족들의 가치관, 세계관 등을 정립해 나갈 수 있기 때문입니다.

가족과 함께하는 시간을 많이 만드십시오. 양보다 질이라는 생각을 하지 마십시오. 가족과 함께하는 시간은 질보다 양이 중요할 때가 많습니다. 행복한 가정은 가족이 함께하는 시간과 비례합니다.

고슴도치 부부의
LOVE

phrase 그에게서 온 몸이 각 마디를 통하여 도움을 입음으로 연락하고 상합하여 각 지체의 분량대로 역사하여 그 몸을 자라게 하며 사랑 안에서 스스로 세우느니라. 에베소서 4:16

prayer 우리 가정이 늘 예수님 안에서 하나되게 하시고, 함께하는 가운데 아름다운 성전을 지어갈 수 있도록 인도해 주소서. 불필요한 약속을 줄이고, 가족을 위해 더 많은 시간을 낼 수 있도록 인도해 주세요. 급한 일과 소중한 일을 분별할 수 있는 지혜를 주소서.

스킨십은 말보다 강하다

신체 접촉은 가장 강력한 의사소통 수단 중의 하나입니다. 영혼을 양육하고 지원해 주며 긍정적인 감정을 전달하는 가장 좋은 방법입니다.

미국의 저명한 인류학자인 헬렌 피셔 박사는 "인간의 피부는 풀밭과 같아서 각 풀잎의 말초신경은 너무나 민감하여 조금만 닿아도 인간의 두뇌 속에 그 순간의 기억을 각인할 수 있다."고 말했습니다.

따라서 사랑한다는 말을 할 때도 손을 꼭 잡아 주든가, 아니면 짙게 포옹하면서 "사랑해!" 하고 말하면, 사랑의 감정을 더 잘 전할 수 있습니다. 미안하다고 사과할 때도, 단순히 "미안해!" 하고 말하는 것보다, 손을 꼭 잡든가, 아니면 가볍게 포옹하면서 "미안해!" 하고 말하는 것이 훨씬 더 효과적입니다. 꾸짖거나 칭찬을 할 때도 상대방의 어깨에 손을 얹거나, 손을 잡고 말하면 효과가 배가됩니다.

어느 기관에서 다음과 같은 접촉 실험을 했다고 합니다. 첫 번째 그룹은 낯모르는 사람들을 둘씩 나누어 서로 얼굴을 가린 채 악수를 하고 지나가도록 했습니다. 두 번째 그룹은 서로 상대방을 보기만

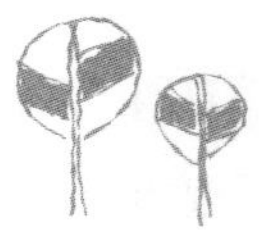

하고 악수를 하지 않은 채 헤어지도록 했습니다. 세 번째 그룹은 서로 상대방을 볼 수 없는 상태에서 대화만 나누도록 했습니다. 그 반응을 조사해 보았더니, 첫 번째 그룹의 사람들은 50%가 "따뜻했다."며 "한 번 얼굴을 보고 싶다."는 반응을 보였습니다. 두 번째 그룹은 "차갑고 거만한 인상을 받았다."는 반응을 보였습니다. 세 번째 그룹은 "상대방이 무뚝뚝하고 형식적이다."는 반응을 보였습니다. 신체적인 접촉이 얼마나 소중한 것인지를 증명하는 실험이었습니다.

지속적이고 부드러운 접촉은 안전한 느낌을 증가시키는 아주 강력한 방법 중 하나입니다. 의미 있는 대화에 더욱 활력을 주며, 감정적으로 유대를 나누도록 도와주고, 낭만적인 시간을 갖도록 해 줍니다. 육체적인 접촉 없이 자란 아이들보다, 안아 주거나 입맞춤을 해 준 아이들이 훨씬 건강하게 자란다고 합니다.

르네 스피츠 박사가 '마라스무스'라고 명명한 병이 있습니다. 감옥에서 태어나 길거리에 버려진 아기들을 돌보는 국립병원의 의사였던 스피츠 박사는 이 아이들을 위생적인 환경에서 충분한 음식을 주면서 양육했음에도 웬일인지 유아 사망률이 높다는 것을 알아냈습니다. 하지만 그 이유를 밝혀내지는 못했습니다.

그런데 스피츠 박사가 멕시코로 겨울 휴양을 갔을 때, 휴양지 근교의 고아원에서 예기치 않은 발견을 했습니다. 그 고아원은 영양도 형편없고 비위생적이었는데도 아이들의 건강 상태가 매우 좋았고 아이들이 울지도 않는 것이었습니다. 그는 휴양도 잊어버리고 몇 달 동안 머물면서 그 이유를 밝혀내려고 노력했습니다. 그리고 곧 알게 되었습니다. 바로 이웃 마을에 사는 여자들이 매일 와서 아기를 안아 주기도 하고 흔들의자에 앉혀서 이야기도 들려주고, 노래도 불러 준다는 것을 알게 된 것입니다. 스피츠 박사는 이 연구 결과를 발표한 책에서 "접촉을 가진 아이는 건강하게 자랐다. 하지만 유모차에서 피부의 접촉이 없이 자란 아이들은 점점 약해졌고, 접촉의 결핍증 때문에 세포들이 죽어갔다."고 결론을 내렸습니다.

캘리포니아의 유명한 임상의사인 빌 존슨 박사는 "가출 소녀의 90%가 접촉 결핍증에 걸려 있다."는 보고를 한 바 있습니다. 그 보고서에 의하면 그들은 가슴에 와 닿는 그 무엇인가를 찾아 집을 나섰다가 가출 소녀가 되었다는 것입니다.

아버지가 딸을 많이 안아 주는 것은 매우 중요합니다. 그들은 아빠의 품에 안겨 여성성을 키워 나갑니다. 아들은 아빠의 품에 안겨서 남성성을 키워 나갑니다.

토마스 카알라일은 "우주에는 성전이 하나뿐인데 그것은 인간의 몸이다. 인간의 몸에 손을 댈 때에 우리는 하늘을 만진다."고 말했습니다.

예수님도 많은 접촉을 행하셨습니다. 손을 내밀어 나병 환자를 만지셨고, 베드로의 장모가 열병으로 누워 있을 때도 예수님이 그녀의 손을 잡으셨고, 어린아이들을 보았을 때도 품에 안고 축복하며 머리에 손을 얹으셨고, 눈먼 자, 귀먹은 자를 고치실 때도 손을 대셨고, 죽은 자와 소녀를 살리실 때도 손을 잡으셨습니다. 제자들의 발을 손수 닦아 주셨습니다. 예수님은 접촉을 좋아하셨습니다.

육체적 접촉은 인간관계를 친밀하게 합니다. 몸으로 따스한 정을 표현하는 방법입니다. 관계를 형성하기도 하고 파괴하기도 합니다. 사랑을 불러오기도 하고 미움을 불러오기도 합니다. 대부분의 여자들은 촉각 지향적이라, 접촉을 좋아합니다. 하지만 아내가 좋아하는 접촉은 손으로 머리를 만지고, 등 뒤를 쓰다듬어 주거나, 토닥거리며 손을 잡아 주고, 안아 주며, 팔짱을 끼고 다정하게 걷는 등, 감정적인 애정 표현입니다.

아내가 힘들어 할 때, 여러 말로 설득하는 것보다 꼭 안아 주며 말하십시오.

"여보, 힘들지?"

남편이 직장 문제로 사업상의 어려움이 있을 때, 남편의 손을 꼭 잡으며 이렇게 말하십시오.

"여보 힘드시지요? 내가 당신을 위해 기도하고 있어요."

학교 시험에서 떨어지거나 일에 실패해서 괴로워하는 자녀들이 있으면, 꼭 안아 주며 이렇게 말하십시오.

"난 너를 사랑한단다."

 **강의노트** 말보다 강한 스킨십 요령 네 가지

1. 스킨십으로 대화한다.

때로는 피부 접촉이 말보다 더 크게 외치기도 하고, 더 깊은 내용을 전하기도 합니다. 말하기가 힘들 때에는 피부 접촉으로 대화를 이어 나아가야 합니다.

2. 상대의 스킨십을 거부하지 않는다.

특별히 피부 접촉을 좋아하는 사람들이 있습니다. 그런 사람들을 때리거나 밀치는 것은 치명적인 상처를 주는 셈입니다. 그들에게 육체적 접촉은 바로 감정의 생명선과 같기 때문입니다.

3. 늙으신 부모님께 적극적으로 스킨십한다.

부모님들을 자주 안아 드리고, 매만져 드리십시오. 늙은 부모님들은 심한 접촉 결핍증을 앓고 있습니다.

4. 민감한 사춘기 자녀에게는 가볍게 스킨십한다.

사춘기의 자녀들을 이성의 부모가 안아 줄 때는 신경을 써야 합니다. 가볍게 안아 주거나, 손을 잡거나, 등을 토닥거리는 것으로 끝내십시오. 그들은 독립을 원하기 때문에 포옹을 뿌리칠지도 모릅니다. 더구나 한 번도 그런 일을 하지 않던 아버지가 어느 날 갑자기 자기를 포옹하려고 하면 이상하게 생각하거나 심한 거부감을 느낄지도 모릅니다. 하지만 그들을 절대로 홀로 두어서는 안됩니다. 그들은 접촉을 원합니다. 만일 부모님들이 적절하게 접촉을 해 주지 않으면 엉뚱한 곳에 가서 접촉을 시도할지도 모릅니다.

사랑의 감정이 식었습니까? 그렇다면 오늘부터 피부 접촉을 시도해 보십시오. 사랑의 감정이 되살아날 것입니다. 신체적 접촉을 많이 하는 것, 그것이 행복한 가정을 만드는 비결입니다.

phrase 자기 아우 베냐민의 목을 안고 우니 베냐민도 요셉의 목을 안고 우니라 요셉이 또 형들과 입 맞추며 안고 우니 형들이 그제야 요셉과 말하니라. 창세기 45:14-15

prayer 가족끼리의 신체 접촉을 부끄러워하지 않게 해 주세요. 신체 접촉을 통해 서로에게 안정감을 주고 사랑을 확신할 수 있기를 소망합니다.

식탁이 살아야 가정이 산다

한 교회의 집사님 부부가 갑자기 지방에 다녀올 일이 생겼습니다. 다섯 살짜리 아들을 누구한테 맡길까 고민을 하다가 목사님께 부탁을 드렸습니다. 집사님 부부는 교회에서 아주 열심히 봉사하시는 분들이었습니다. 목사님 부부는 다섯 살짜리 아이와 함께 저녁을 먹었습니다.

"오늘은 특별한 손님이 오셨으니, 기도를 부탁해 볼까? 얘야, 네가 식사 기도를 하면 어떻겠니?"

목사님이 아이에게 묻자, 손을 모으고 눈을 꼭 감고 있던 아이의 얼굴이 일그러졌습니다. 아이는 아무 말도 하지 않았습니다. 사모님이 부드러운 목소리로 이렇게 말했습니다.

"얘야, 그냥 평소에 엄마가 하시던 대로 하면 돼, 간단하게."

그랬더니 이 아이가 갑자기 소리를 쳤답니다.

"야, 이 돼지 같은 놈아! 좀 가만히 앉아서 먹지 못해!"

가정은 사람을 바로 세우는 곳입니다. 사람을 성장시키고

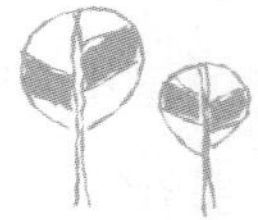

성숙시키는 곳입니다. 한 사람을 바로 세우기 위해서는 적절한 육체적인 양식이 있어야 하며, 때에 맞게 정신적이고 영적인 양식을 공급해 주어야만 합니다.

사람은 관계 속에서 살 수밖에 없는 존재입니다. 때문에 관계에서 오는 아픔과 상처를 가지고 살아가게 마련입니다. 깊은 안식과 치유를 누리며 사람이 사람답게 보호받고 사람다워지도록 세워 주는 곳, 그곳이 바로 가정입니다. 가정에서 가장 중요한 장소는 어딜까요? 바로 식탁입니다. 그래서 찬송가 305장은 이렇게 노래합니다.

"아침과 저녁에 수고하여 다 같이 일하는 온 식구가 한상에 둘러서 먹고 마셔 여기가 우리의 낙원이라."

식탁에 둘러 앉아 어머니가 정성껏 준비한 음식을 나누며, 서로의 경험과 계획과 상처를 나누며 위로받고 격려받고 치유받고 힘을 얻는 곳이 바로 식탁입니다. 식탁이 살아 있는 가정이 바로 행복한 가정입니다.

시편 23편 5절은 "주께서 내 원수의 목전에서 내게 상을 베푸시

고, 기름으로 내 머리에 바르셨으니 내 잔이 넘치나이다.” 라고 고백
합니다. 얼마나 감동적인 이야기입니까? 원수가 목전에 와 있는데,
아버지가 식탁을 차리고, 기름으로 내 머리에 발라 주신다는 이야기
입니다. 두려움과 공포, 깊은 상실감 속에 있을 가족들에게 식탁을
베풀며 머리에 기름을 발라 주는 아버지……. 그래서 잔이 넘친다는
것입니다. 자부심, 안정감, 가치감, 자신감, 소속감으로 충만해진다
는 것입니다. 식탁은 그런 자리입니다.

그런데 가정에서 식탁이 사라지고 있습니다. 가족들 모두가 아침
에는 너무 바빠 도저히 시간을 낼 수 없습니다. 빵으로, 우유로 끼니
를 간단히 해결하기도 하고, 아예 굶기도 합니다. 아니면 아예 김밥
이나 샌드위치를 사 먹기도 합니다. 점심은 각자 학교에서 직장에서
해결합니다.

온 가족이 함께 모일 수 있는 시간은 저녁 시간뿐입니다. 하지만
아버지는 야근과 거래처 손님 접대에 바빠서 집에 들어올 수가 없습
니다. 아이들은 학원에 가거나 자율학습을 하느라 집에 늦게 돌아옵
니다. 어린 자녀들은 텔레비전 앞에서 밥을 먹습니다. 엄마는 부엌
에서 혼자 먹는 경우가 허다합니다.

가족들은 토요일에도 바쁩니다. 모처럼의 시간에는 친구들도 만
나고, 골프도 나가야 하고, 여러 모임에 쫓아다니느라 바쁩니다.

주일에는 하루 종일 교회에서 바쁩니다. 주일 저녁에도 저녁 예

배를 드리느라 바쁩니다. 도대체 가족과 함께 식탁에 앉을 시간을 내지 못합니다.

이것이 문제입니다. 온 가족이 한상에 둘러앉을 시간을 만들어야 합니다. 가정의 행복은 한상에 둘러앉아 있을 시간이 얼마나 많이 있는가에 달려 있다 해도 과언이 아닙니다.

월간 스케줄, 아니 주간 스케줄을 정할 때, 아내와 자녀들과 함께 의논해서 금주에는 몇 번, 무슨 요일 온 가족이 저녁 식사를 함께 한다는 원칙을 정하십시오. 어쩌면 이것이 가장 중요한 일일지도 모릅니다. 목사이자 탁월한 저자, 강연자인 고든 맥도날드는 아내의 제안으로 '부엌 성명서' 라는 것을 발표하여, 스스로 바쁜 일정을 정리하고 자신뿐만 아니라 온 가족들이 서로 가족과 가정에 헌신하도록 다음과 같은 선언을 하였습니다.

 **강의노트** 고든 맥도날드의 부엌 성명서

1. 저녁 식사란 먹는 것 이상의 의미가 있다.
2. 대화하지 않은 가족은 발전할 수 없다.
3. 식사와 대화하는 시간을 계획하고 관리하지 않으면 저녁 식사가 없어져 버릴지도 모른다.

실천 1. 식사 시간에는 텔레비전 보기는 금지한다.

실천 2. 전화선을 뽑아 통화를 아예 원천 봉쇄한다.

실천 3. 친구들을 식사에 초대해도 좋지만, 반드시 모든 시간
　　　　을 함께하며 참여해야만 한다.

실천 4. 대화가 다 끝나고 (가능하다면) 기도와 성경 읽기를 다
　　　　마칠 때까지는 어느 누구도 식탁에서 먼저 일어나면
　　　　안된다.

고든 맥도날드는 이것을 가리켜 일종의 혁명이라고 표현했습니다. "식사 시간에 텔레비전 보기는 금지다."라는 조항을 이야기할 때는 자녀들이 불평하는 신음을 쏟아 냈고, 아내가 "전화선을 뽑아 통화를 아예 원천 봉쇄한다."는 조항을 넣었을 때는, 고든 맥도날드 자신이 툴툴거렸습니다. 하지만 그들은 그런 원칙들을 서로 격려하며 존중하는 가운데 훌륭히 지켰고, 함께 성장해 나갔습니다.

식탁이 없는 가정은 이미 가정이 아닙니다. 잃어버린 저녁 식탁을 찾아야 합니다. 그것이 행복의 지름길입니다. 어머니가 정성껏 준비한 음식을 앞에 놓고, 온 가족이 함께 둘러앉아 오순도순 이야기를 나누며 함께하는 시간, 비록 음식의 가짓수가 많지는 않더라도 어머니의 정성과 사랑이 담겨 있다면, 그 식탁은 육체적으로 풍성한 식탁입니다. 비록 반찬 수는 몇 가지 없더라도 그곳에 사랑

이 담긴 대화가 오고 간다면, 정서적으로 풍성한 식탁입니다. 비록 남들에 비해 초라한 식탁이라도 그곳에서 하나님의 은혜가 선포되고, 그 은혜를 경험하는 곳이라면 영적으로 풍성한 식탁입니다. 영적으로, 정서적으로, 육체적으로 풍성한 식탁이 있는 그곳이 바로 낙원입니다.

phrase 제 집 내실에 있는 아내는 결실한 포도나무 같으며 네 상에 둘린 자식은 어린 감람나무 같으니라. 시편 128:3

prayer 우리 집 식탁에 늘 기쁨, 감사, 위로, 그리고 은혜가 풍성하기를 소망합니다. 식사 시간을 통해 우리의 삶을 나누게 하시고, 그 교제를 통해 새 힘을 얻게 하소서.

변강쇠 신드롬을 극복하라

“장로님, 우리 남편은 짐승 같아요. 짐승!”

어느 날, 상담을 요청해 온 30대 젊은 자매가 내게 불쑥 던진 말이었습니다.

“아니, 그렇게까지 말씀하실 이유라도 있나요?”

“우리 남편은 도대체 성을 뭐라고 생각하고 있는지 모르겠어요. 아무 말도 없이 달려들어 자기 욕심만 채우곤 돌아누워 잠들어 버리니, 도대체 날 뭐로 아는지 모르겠어요.”

짧은 대화였지만, 무엇이 문제인지 금방 알 수 있었습니다. 그 자매에게는 침실이 부부간의 친밀감의 극치를 맛보는 아름다움과 기쁨의 장소가 아니라, 수치와 좌절감을 가져다 주는 두려움과 분노의 장소라는 이야기였습니다.

로렌스 클랩은 “결혼 문제의 가장 큰 원인이 대화의 부족에 있다면 그 두 번째의 원인은 성문제라고 할 수 있다. 부부 사이의 불화가 침실만큼 극명하게 나타는 곳은 없다.”라고 말했

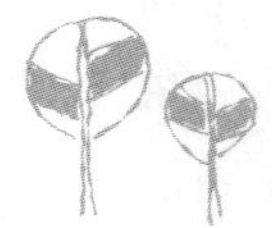

습니다. 침실은 친밀감의 극치를 맛볼 수 있는 비밀스러운 장소입니다. 격의 없는 대화가 이루어지고, 어떤 문제든지 함께 기도할 수 있으며, 몸과 몸이 맞닿는 깊은 대화가 이루어지는 성스러운 곳입니다. 정서적으로 하나되고 영적으로 하나되었을 때, 육체적인 하나됨은 그 기쁨이 더 깊어질 것입니다.

하지만 오히려 육체적인 하나됨을 이루지 못한 까닭에 정서적으로 하나되지 못하고, 영적인 연합을 이루는 데도 어려움을 겪는 분들이 많이 있습니다.

대부분의 성문제는 성에 대한 무지에서 비롯된 것입니다. 전통적인 한국 사회에서는 성은 아주 은밀한 것, 절대로 남에게 이야기해서는 안되는 매우 개인적인 것으로 여겨졌습니다. 그래서 심지어는 부부끼리 성에 대해 이야기하는 것을 금기 사항으로 생각할 정도였습니다. 또 기독교인 중에는 성은 성스럽지 못한 것이라고 여기고, 심지어는 더러운 것이라고 생각하는 분들도 있습니다. 하지만 성은 하나님의 작품입니다.

문제는 '성性' 하면 남자들은 삽입과 사정 등의 '성행위Sexual Intercourse'만을 생각한다는 데 문제가 있습니다. 그래서 정력 보강을 위해 뱀을 비롯한 각종 강장제를 먹고, 심지어는 비아그라를 사용하기도 합니다. 남자들은 성과 관련해서는 '끝내 줘야 한다!'는 강박관념을 갖고 있습니다. 바로 변강쇠 신드롬입니다.

하지만 여성들은 '성'에 있어서 성교 행위가 20% 정도밖에 차지하지 않는다고 합니다. 여성에게 있어서는 '다정하게 눈길을 주고받는 것' '부드럽게 대화하는 것' '안아 주는 것' '어루만져 주는 것' '공감해 주는 것' '아내를 도와주는 것' 등 한마디로 말하면 '애정 표현'이 '성'의 80%를 차지한다는 것입니다.

남녀칠세부동석이란 전통적인 생각 속에서, 평소에는 아내의 손목 한 번 잡아 주지 않고 마음을 읽어 주지 않다가 오로지 잠자리에서 끝내 주기 위해 최선을 다해 왔던 한국의 남편들에겐 충격적인 이야기일 것입니다. 서로 이런 차이를 모르고 상대방이 무엇을 원하는지 전혀 이해하지 못한 남녀가 침실에서 만난다면 엄청난 갈등이 일어나는 것은 너무나 당연한 이야기입니다.

남편들은 늘 성생활의 횟수와 성감대에 관심이 많지만, 아내의 관심은 정서적 친밀감에 있습니다. 따라서 아내의 가장 예민한 성감대는 마음입니다. 마음이 열려야 몸이 열리는 것입니다. 남편이 사랑이 넘치는 뜨거운 가슴으로 진하게 안아 주며 사랑을 고백할 때,

또 깊은 사랑이 담긴 그윽한 눈길로 아내를 바라보며 사랑을 고백할 때, 아내는 성행위를 할 때보다 더 깊은 사랑을 맛볼 수 있다고 합니다. 침실에서의 모습, 그 모습이 두 사람이 얼마나 행복한 삶을 살고 있는지를 반영합니다.

"아담과 그 아내 두 사람이 벌거벗었으나 부끄러워 아니하니라"
창세기 2:25

침실은 성스러운 곳이며, 침실은 친밀감의 극치를 맛볼 수 있는 곳이어야 합니다. 침실은 이타적인 사랑을 실천할 수 있는 장소이기도 합니다. 그래서 성경에서도 말합니다.

"남편은 그 아내에게 대한 의무를 다하고 아내도 그 남편에게 그렇게 할지라 아내가 자기 몸을 주장하지 못하고 오직 그 남편이 하며 남편도 이와 같이 자기 몸을 주장하지 못하고 오직 그 아내가 하나니 서로 분방하지 말라 다만 기도할 틈을 얻기 위하여 합의상 얼마 동안은 하되 다시 합하라 이는 너희의 절제 못함을 인하여 사단으로 너희를 시험하지 못하게 하려 함이라" 고린도전서 7:3-5

부부간의 성은 생명이고 친밀감이고 사랑입니다. 침실은 잠만 자는 곳은 아닙니다. 침실에서는 정감 넘치는 깊은 대화가 이루어지는 곳입니다. 침실에서는 하루를 마감하고 부부가 함께 기도하며, 하나님께 감사하고 서로에게 감사하며 서로에게 몸을 맡기고 깊은 안식에 들어가는 곳입니다. 또 침실은 부부 두 사람만의 비밀스러운 곳이지만, 어린 자녀들이 무서운 꿈을 꾸고 달려 왔을 때, 인생의 문제로 고민하고 있는 자녀들이 방문을 열지 못하고 서성일 때 반갑게 맞아들이고 함께 뒹굴 수 있는 그런 곳입니다.

그런데 요즘은 침실의 기쁨이 사라지고 있습니다. 너무 바쁘고 지쳐서, 또 성의 홍수 속에서 흥미를 잃어버린 사람들에 의해서, 타락한 성, 상대방의 인격을 무시한 변태적인 성행위에 의해 침실이 무너지고 있습니다.

C.S. 루이스의 말처럼, 쾌락은 하나님의 발명품이지 악마의 것이 아닙니다. 부부 사이에 아무런 육체적인 친밀감이 존재하지 않는다면 부부 두 사람이 가졌던 모든 감정적이고 영적인 친밀감 역시 사라질 것입니다.

21세기에 우리가 싸워야 할 가장 큰 영적 전쟁은 '성적 타락'일 것입니다. 성에 대한 값싼 이야기들이 난무하는 이때, 교회에서는 올바른 성에 대한 이야기를 가르쳐야 하고 가정에서는 그것을 나눠야 합니다. 이젠 부부간의 온전한 하나됨을 위하여 성에 대해 공부하고, 성에 대해 부부가 서로 이야기할 때입니다.

"너는 네 우물에서 물을 마시며 네 샘에서 흐르는 물을 마시라 어찌하여 네 샘물을 집 밖으로 넘치게 하겠으며 네 도랑물을 거리로 흘러가게 하겠느냐 그 물로 네게만 있게 하고 타인으로 더불어 그것을 나누지 말라 네 샘으로 복되게 하라 네가 젊어서 취한 아내를 즐거워하라" 잠언 5:15-18

어느 가정 사역자의 말대로 베드타임Bed Time이 배드타임Bad Time이 되지 않도록 해야 합니다. 베드타임Bed Time이 굿타임Good Time이 되도록, 하나님이 함께하시는 갓타임God Time이 되도록 우리가 노력해야 할 것입니다.

phrase 너는 네 우물에서 물을 마시며 네 샘에서 흐르는 물을 마시라 어찌하여 네 샘물을 집 밖으로 넘치게 하겠으며 네 도랑물을 거리로 흘러가게 하겠느냐 그 물로 네게만 있게 하고 타인으로 더불어 그것을 나누지 말라 네 샘으로 복되게 하라 네가 젊어서 취한 아내를 즐거워하라 그는 사랑스러운 암사슴 같고 아름다운 암노루 같으니 너는 그 품을 항상 족하게 여기며 그 사랑을 항상 연모하라. 잠언 5:15-19

prayer 우리의 침실이 부부가 서로 하나됨을 확인하는 기쁨과 안식이 있는 곳이 되게 하소서. 서로를 존중하여 육신의 친밀함이 있게 하시고, 이를 통해 영적인 친밀함에 깊이를 더하게 해 주세요.

은혜의 법으로 살라

은혜는 주는 자 입장에서는 아무런 대가를 기대하지 않고, 값없이 거저 주는 것입니다. 은혜는 받는 자 입장에서는 아무런 대가를 지불하지 않고 값 없이 받아 누리는 것입니다. 은혜의 개념은 천국의 개념입니다.

하나님은 이 지상에서 인간들이 천국의 개념인 은혜를 맛보아 알 수 있도록 가정을 만들어 주셨습니다. 가정에서 은혜를 맛보아 아는 자들이, 세상에 나아가 천국의 개념을 가르치고, 실천할 수 있는 것입니다. 에덴동산의 아름다운 가정, 그곳은 바로 은혜의 원천이었습니다. 하나님과 동행하며 하나님의 거룩한 임재 가운데, 부부가 서로 한 몸임을 고백하며 서로의 차이를 인정하고, 돕는 배필의 역할을 감당했던 그곳은 바로 은혜 그 자체였습니다.

하지만 원죄 이후, 가정은 무너지기 시작했습니다. 은혜를 상실하고, 율법이 그들을 묶기 시작하였습니다. 서로 정죄하고, 책임을 전가하며 수치와 열등감과 두려움이 지배하는 곳으로 전락하기 시작했습니다. 은혜를 상실한 가정은 지옥이었습니다. 예수님은 은혜

를 상실한 인간들에게 다시 은혜를 회복시켜 주시기 위해 이 땅에
오셨습니다.

가정의 회복, 그것은 바로 잃어버린 은혜의 회복입니다. 은혜
로 사는 가정이 늘어날 때에 이 땅에 교회의 진정한 부흥이 있고, 은
혜로 사는 가정이 늘어날 때에 이 땅에서 천국이 확장될 것입니다.

세상을 살아가는 사람은 누구나 두 가지 종류의 안경을 끼고 살아
갑니다. 하나는 은혜의 안경이요, 또 다른 하나는 율법의 안경입니
다. 파란 안경을 끼고 세상을 보면 온 세상이 파랗게 보이듯, 은혜의
안경을 끼고 보면 세상은 온통 은혜로 가득 차 보입니다. 율법의 안
경을 끼고 보면 세상은 온통 율법으로 가득 차 있습니다.

은혜의 가정은, 회사에서 정리해고를 당하고 들어 온 남편에게
"여보 괜찮아요, 전 당신만 내 옆에 있으면 되요. 여보, 우리 힘내
요." 하고 위로하는 아내가 있는 가정입니다. 은혜의 가정은, 터무니
없는 실수를 한 아내에게 "여보, 괜찮아, 우리는 늘 실수하는 거야.

여보 힘들지, 그렇지만 내가 당신 곁을 지켜 줄게. 내가 책임질게. 아무 걱정하지 마.” 하고 달래 주는 남편이 있는 가정입니다. 병든 배우자를 위하여 끝까지 돌보며, 돕는 배필의 자리를 지켜 주는 배우자가 있는 가정입니다. 은혜의 가정은, 시험 성적이 떨어져 고민하는 자녀에게, “그래 괜찮아, 너는 사람을 섬기는 은사를 받았으니, 공부 대신에 사람을 섬기는 일로 하나님께 크게 쓰임을 받을 거야. 아빠는 너를 믿는다. 너를 위해 기도하마.” 하고 격려하는 부모가 있는 가정입니다.

은혜를 깨달아 아는 것이 믿음의 시작입니다. 은혜를 베풀어 나누는 것이 사랑의 시작입니다. 은혜는 감격이며, 감동입니다. 은혜로 사는 가정은 지옥의 언어를 사용하지 않습니다. 천국의 언어를 사용합니다.

가정은 부부의 언약으로 시작되며, 언약으로 유지되어 갑니다.

“나 ○○은 ○○를 아내로 맞아 병들 때나 가난할 때나 슬플 때나 기쁠 때나 변함없이 사랑할 것을 서약합니다.”

사랑의 감정이 없어도 이 언약 때문에 가정은 유지되는 것입니다. 언약을 지켜 주고 언약을 통해 성숙한 관계로 나아가는 것이 바로 은혜입니다. 서로 다른 환경 속에서 자라난 두 사람은 언약으로 만나 서로 받아들이고 용납하고 용서하는 은혜의 체험을 통해 성숙해 나아갑니다. 은혜의 체험 없이는 끝없는 갈등과 문제 속에서 관계가 깨어집니다.

갓난아기가 아무런 일도 하지 않고 엄마의 품에 안겨 젖을 먹으며 쑥쑥 자라나는 것, 그것이 은혜입니다. 그 은혜 때문에 어린 생명은 자라납니다. 풍성한 은혜를 체험해야만 우리의 인격도 성숙합니다. 은혜를 체험하는 사람들은 살 소망을 갖고 인생의 꿈을 갖습니다. 성숙한 사람들이 맺는 관계, 그것이 친밀함입니다. 벌거벗었으나 부끄럽지 않고, 차이는 있지만 갈등은 없습니다.

그곳에 진실한 하나됨이 있고, '우리'라는 새로운 관계가 시작됩니다. 이 친밀함은 우리에게 새로운 언약, 더욱 성숙한 언약의 자리도 나아가게 합니다. "사랑하되, 끝까지 사랑하는" 더욱 성숙한 관계를 맺게 합니다. 은혜를 처음 체험하는 곳도, 완성하는 곳도 가정입니다. 가정은 은혜의 통로입니다.

phrase 이러므로 사람이 부모를 떠나 그 아내와 합하여 그 둘이 한 육체가 될지니 이 비밀이 크도다 내가 그리스도와 교회에 대하여 말하노라 그러나 너희도 각각 자기의 아내 사랑하기를 자기같이 하고 아내도 그 남편을 경외하라. 에베소서 5:31-33

prayer 가정이 하나님의 은혜를 체험하는 곳이 되게 하시고, 우리 가정이 은혜의 통로가 되어 이웃의 많은 가정에게 하나님의 은혜를 전하게 하소서.

부부의 영성이 가정을 살린다

얼마 전 우리 부부는 독일, 이탈리아, 영국에서 진행되는 아버지학교, 어머니학교를 위해 함께 여행을 할 기회가 있었습니다. 독일에서 일정을 마친 후, 주일 예배를 세 교회에 가서 드리도록 일정을 잡았습니다. 세 교회에 다니는 아버지학교 출신의 형제들을 격려하고 그들과 교제하기 위해서였습니다. 아버지학교를 끝낸 바로 다음 날이었고 이탈리아 아버지학교를 끝낸 후 바로 독일로 왔기 때문에 몸은 많이 지쳐 있었습니다. 처음엔 좀 무리가 아닐까 하는 생각도 들었습니다. 예배 시각은 아침 11시, 오후 1시, 그리고 오후 3시였습니다. 다소 무리한 일정이었지만 예배 가운데 많은 은혜를 받고 하나님의 임재를 체험하는 너무 행복한 시간이었습니다.

마지막 교회를 방문했을 때, 말씀을 전하시는 분은 중국에서 오랜 기간 사역을 하시던 선교사님이셨습니다. 담임 목사님의 말씀은 어제 노방 전도를 나갔다가 우연히 선교사님을 만났다는 것입니다. 선교사님은 마침 안식년이라 독일을 방문하셨고, 두 분은 서로 알기

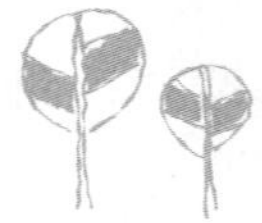

는 했지만 각각 어디서 목회를 하는지 알지는 못하고 있었다는 것입니다. 오래간만에 만나 서로 교제를 하고, 담임 목사님이 선교사님께 주일 설교를 부탁드렸던 것입니다.

선교사님은 선교사로서 자신의 삶을 말씀하셨습니다. 때로는 웃고, 때로는 눈물을 흘리는 모습에서 선교사님의 중국 선교에 대한 열정과 헌신을 느낄 수 있었습니다. 선교사님은 선교지에서 사랑하는 아들을 잃어버리는 아픔 속에서 헌신의 진정한 의미를 깨닫고, 그 아들의 죽음을 통해 오히려 하나님의 사랑을 더욱 강하게 느끼며 헌신하고 계셨습니다.

그런데 그 선교사님은 처음에 사업을 하는 사람이었기 때문에 사업을 하면서 선교를 하려고 마음먹었다고 합니다. 하지만 시간이 지날수록 사업도, 선교도 어려워져서 기도하는 가운데 "내가 두 개를 병행하는 것은 무리다."라는 결론을 내렸다는 것입니다. 그러고는 사업을 정리하고 선교에만 전념하기 시작했다고 하셨습니다.

나는 예배를 마친 후, 영국으로 가는 비행기 안에서 아내에게 물었습니다.

"여보, 아까 선교사님의 말씀 어떻게 생각해요?"

아내는 나를 보더니 웃으면서 말했습니다.

"그 선교사님 당신을 보면서 이야기하는 것이 마치 당신 들으라고 하는 것 같던데요."

"음, 그렇지. 사실은 나도 그분의 말씀을 들으면서 많은 감동을 받았고, 자꾸 나한테 결단을 요구하시는 것 같은 생각이 들었소."

"아무래도 이 문제에 대해 깊이 생각하고 기도를 해야 할 것 같소. 결단을 내려야 할 때인 것 같소."

그리고 그날부터 그 문제를 가지고 집중적으로 기도하기 시작했습니다.

"하나님, 하나님의 뜻대로 제가 갈 길을 열어 주소서. 제 뜻이 아닌 하나님의 뜻대로 갈 수 있도록 인도해 주소서. 회사는 어렵고, 사역은 날로 커지고 있습니다. 하지만 저희 가정의 재정은 넉넉지 않고, 만일 이대로 회사를 정리한다면 너무나 많은 부채를 안게 되는데 그것을 감당할 능력이 제겐 없습니다. 그러면 저와 동업하는 이종일 형제님이 또 많은 부담을 안아야 하는데, 그것은 너무 큰 희생입니다. 그럴 수도 없습니다. 이럴 땐 제가 어떻게 해야지요, 하나님?"

때로는 탄식으로 때로는 눈물로 기도를 하였습니다. 아내도 기도에 동참하였고 나는 한 달 정도를 그렇게 기도한 후, 아내에게 조심스럽게 이야기했습니다.

"여보, 이젠 정말 결단을 내려야만 할 것 같소. 아무래도 한 가지 일에만 집중해야 할 것 같소. 어떤 희생이 따르더라도 회사를 정리하는 것이 좋을 듯하오. 이 상태로 계속 간다면 재정 적자는 더 커지고, 사역도 어려워지고, 몸은 몸대로 힘들어지고……."

아내는 이미 예상했다는 듯 담담했습니다.

"여보 그렇게 해요. 당신이 우리 집 제사장이니까 당신이 결정해요. 난 당신 뜻을 따를게요. 뭐 재학이 결혼이 다가오고 부담스러운 일도 있지만, 그간 하나님이 먹여 주시고 입혀 주셨는데, 하나님이 앞으로도 우리의 삶을 인도해 주실 거예요. 잘 결정하셨어요."

나는 아내의 손을 꼭 잡았습니다.

"하나님은 왜 우리에겐 그런 간증을 안 주시는 걸까요? 사업이 매우 어려웠지만 하나님의 일을 열심히 했더니 사업이 크게 부흥했더라. 뭐 이런 것 말이요. 남들이 그런 간증을 할 때마다 내게도 저런 일이 일어났으면 하고 바랐는데……. 우리에겐 다른 뜻이 있나 보구려."

"저도 사실 처음엔 하나님을 조금 원망했지만 이젠 그렇지 않아요. 하나님은 늘 어려울 때마다 우리와 함께하셨고, 우리에게 필요한 것들을 채워 주셨어요. 앞으로도 그럴 거예요. '나의 가는 길을 오직 그가 아시나니 그가 나를 단련하신 후에는 내가 정금같이 나오리라' 욥기 23:10는 욥의 고백이 있잖아요. 난 믿어요. 우리에게도 그런 축복이 있을 거예요."

내 눈에서는 눈물이 핑 돌았습니다. 사실 아내는 친정아버지가 사업에 실패해서 학교에 다닐 무렵 엄청난 어려움을 겪었기에 경제 문제에 대해서는 남다르게 예민한 사람이었습니다. 겨울에 난방 문제로 다투기도 하고 물, 전기 아껴 쓰는 문제 등으로 얼마나 다투었는지 저는 늘 좀 넉넉히 쓰자고 했고 아내는 아낄 수 있는 대로 아껴야 한다는 생각이어서 때로는 심각한 냉전이 벌어지기도 했었습니다.

하나님은 사업을 시작함과 동시에 가정 사역을 시작하게 하셨습니다. 그래서 사업에 많은 시간을 할애하지 못하고 늘 "너희는 먼저 그의 나라와 그의 의를 구하라 그리하면 이 모든 것을 너희에게 더하시리라"마태복음 6:33 하면서 사역에 우선순위를 두고 쫓아다니던 나를 바라보며 가슴만 졸이던 아내였습니다. 사업이 잘 나갈 때도 기뻐하기보다 오히려 불안해 하면서 어려울 때를 대비해야 한다고 충고하기도 했습니다. 내가 아버지학교 사역을 본격적으로 시작하면서 사업에는 거의 시간을 내지 못하고 전국 방방곡곡으로, 또 전 세계로 뛰어다니자 "옛날엔 세상에 미쳐서 나를 힘들게 만들더니 이젠 또 아버지학교에 미쳐서 나를 힘들게 만드는군요!" 하고 크게 낙담하기도 했습니다. 100명이 훨씬 넘던 직원이 20여 명으로 줄어들었을 때, 아무 말 못하고 한숨만 내쉬던 아내였습니다.

2002년 가을 평택의 한 종합병원에서 암 선고를 받고, 서울로 올라오는 차 안에서 나는 아내에게 전화로 말했습니다.

"여보, 나 암이라는데……."

"여보, 괜찮을 거예요. 너무 걱정하지 말아요."

나중에야 알게 된 사실이지만 그때 아내는 내 이야기를 듣고, 내가 미워 혼났다고 합니다. 하나님과 나에 대해 화가 나서 매우 힘들었다고 합니다.

'어떻게 그럴 수가 있나?'

그때도 아내가 가장 힘들었던 건 경제문제였다고 했습니다.

'이 사람이 이렇게 떠나면 난 어떻게 되는 건가?'

그러던 아내가 갑자기 성경 말씀을 나누며 그런 권면을 하다니, 우리는 분명 영적으로 하나가 되어 가고 있었던 것입니다. 편안을 추구하지 않고 평안을 추구하는 영성, 세상을 추구하지 않고 하나님을 추구하는 영성, 나를 앞세우지 않고 너를 먼저 생각하는 영성이었습니다. 그전에 내가 "가난은 불편할 뿐이지 불행한 것은 아니다."라고 이야기할 때, "아니 당신이 가난이 뭔지나 알고 그런 이야기해요? 난 그런 이야기하는 사람 보면 울화가 치밀어요. 말도 안되는 소리 하지 말아요."라고 쏘아붙이던 사람이었습니다.

그런 일이 있은 지 며칠 후, 나의 동업자인 이종일 부사장으로부터 만나자는 전화가 왔습니다. 그는 조용한 목소리로 말했습니다.

"김 사장, 아무래도 회사를 정리하는 것이 좋겠어. 계속 아내와 함께 기도했지만, 답은 그것 같아. 김 사장은 계속되는 사역으로 더욱 바빠지고, 내겐 혼자서 회사를 이끌어 갈 능력이 없는 것 같고, 적자만 늘어나고 스트레스만 쌓이니 건강도 말이 아니고……. 정리를 하는 것이 좋겠어.”

나는 죄인 된 기분으로 아무 말도 할 수가 없었습니다. 가만히 있는 나를 보면서, 부사장은 계속 말을 이어갔습니다.

“우리 박 과장 있잖아. 박 과장이 회사를 인수하겠대. 회사의 모든 부채를 다 정리해 주는 조건으로 말이야. 우리 둘만 떠나고 회사는 그대로 존속하는 거야. 부채 문제는 내가 알아서 할게.”

나는 눈물이 나오려는 것을 억지로 참으며, 물었습니다.

“아니 그럼 부사장한테 너무 피해가 클 텐데…….”

하지만 부사장은 차분하게 말하는 것이었습니다.

“괜찮아. 그건 걱정 말고, 앞으로 건강 생각하면서 사역이나 열심히 해. 김 사장이 하는 일은 매우 중요한 일이야. 월 말로 정리하는 것으로 할게. 그렇게 하자고.”

회사는 그렇게 정리가 되었습니다. 하나님은 그렇게 일하고 계셨습니다.

우리의 삶 가운데는 끊임없는 위기의 순간이 있습니다. 위기는 파도와 같이 밀려오는 것 같습니다. “무슨 일을 만나든지 만사형통하리라. 무슨 일을 만나든지 만사형통하리라.”는 찬송가 가사가 있는데, 만사형통하리라는 뜻이 만일 모든 일이 성공적으로 술술 풀린 다는 의미로 해석된다면, 이는 거짓이 분명합니다. 만사형통이란 오 히려 합력해서 선을 이룬다는 뜻으로 해석하는 것이 좋을 것입니다.

그리스도인의 삶은 편안을 추구하는 삶이 아닙니다. 평안을 추구 하는 삶입니다. 돈이 없으면 불편할 뿐입니다. 돈이 있다고 평안한 것은 절대 아닙니다. 전쟁터에서도 평안한 사람이 있습니다. 예수님 은 우리에게 평안, 세상이 알 수 없는 평안을 주시길 원하셨습니다. 어려운 상황 속에서도 우리를 평안으로 이끄는 것은 자족하는 마음 입니다. 그것은 바로, 이미 받은 것에 대한, 누리는 것에 대한 감사 한 마음에서 비롯됩니다. 감사한 마음은 말씀 속에 뿌리를 내리 고 있을 때 생기는 감정이며 의지입니다.

미국 뉴욕의 한 재활 병원에는 다음과 같은 글이 있다고 합니다.

큰일을 이루기 위해 힘을 주십사 하나님께 기도했더니, 겸손을 배우 라고 연약함을 주셨습니다. 많은 일을 하려고 건강을 구했더니, 보다 가치 있는 일을 하라고 병을 주셨습니다. 행복해지고 싶어 부유함을 구했더니, 지혜로워지라고 가난을 주셨습니다. 세상 사람들의 칭찬 을 받고자 성공을 구했더니, 뽐내지 말라고 실패를 주셨습니다. 풍요 로운 삶을 누릴 수 있도록 모든 것을 달라고 기도했더니, 모든 것을 누릴 수 있는 삶 그 자체를 선물로 주셨습니다. 구한 것 하나도 주어 지지 않은 줄 알았는데, 내 소원 모두 들어 주셨습니다. 하나님의 뜻을 따르지 못한 삶이었지만, 미처 표현 못한 기도까지 모두 들어 주셨습니다. 나는 가장 많은 복을 받은 사람입니다.

무명의 환자

감사는 받았다고 해서 우러나오는 것이 아닙니다. 현재의 은혜를 깨닫는 것이 감사의 출발점입니다. 현재의 은혜를 깨닫는 것, 그것이 바로 그 사람의 영성이며, 영성은 말씀에 뿌리를 내리고 있는 것입니다.

나는 가끔 어머니학교 강의를 할 때 묻습니다.
"어머니 여러분, 남편이 누굴 닮길 원하십니까?"
그럼 대부분의 어머니는 이렇게 대답합니다.
"예수님이요."
"아니 예수님 닮은 사람 말고, 아예 예수님하고 결혼하셨다면 여러분 행복했을 것이라고 생각하십니까? 한 번 손들어 보십시오."
그럼 머뭇머뭇하고 대부분 손을 들지 못합니다. 가끔 몇 분이 손을 들 때가 있습니다. 그럼 나는 이렇게 반문합니다.
"정말 행복했을까요? 예수님하고 결혼하면 정말 행복할까요? 아니 예수님은 집이 있습니까? 돈이 있습니까? 동가식서가숙하시면서 여기 저기 전도하러 다니시고, 쌀도 없고 식량도 없어서 늘 축사하셔서 먹는다면 아마 여러분 속 터져서 1년도 되지 않아 이혼하자고 했을 것입니다."

예수님과 결혼해서 행복하려면 예수님과 같은 영성을 지니고 있어야 합니다.

행복한 가정을 이루길 원하십니까? 그렇다면 말씀에 뿌리를 내리십시오. 우리 가정을 행복하게 만드는 것은, 힘도 연약함도 아니고 부유함도 가난함도 아닙니다. 성공도 실패도 아닙니다. 바로 부부의 영성입니다. 영성은 말씀의 진액을 먹고 자라는 것입니다. 말씀으로 살아가십시오. 그것이 행복의 지름길입니다.

phrase 내가 궁핍하므로 말하는 것이 아니라 어떠한 형편에든지 내가 자족하기를 배웠노니 내가 비천에 처할 줄도 알고 풍부에 처할 줄도 알아 모든 일에 배부르며 배고픔과 풍부와 궁핍에도 일체의 비결을 배웠노라 내게 능력 주시는 자 안에서 내가 모든 것을 할 수 있느니라. 빌립보서 4:11-13

내가 그의 입술의 명령을 어기지 아니하고 일정한 음식보다 그 입의 말씀을 귀히 여겼구나. 욥기 23:12

prayer 우리 가정이 말씀에 깊이 뿌리내린 영성으로 살게 하소서. 우리 가족의 마음속에 동일하게 역사하시어, 말씀을 통해 우리가 더 긴밀한 연합체가 될 수 있도록 인도하소서.

Part 3

고슴도치도
자기 자식은
사랑한다

가시 때문에 아파도 자녀를 꼭 안아 주십시오.

사랑만한 보약은 없다

자녀는 부모의 사랑만큼 자라납니다.

자녀는 내 것이 아니다 자녀의 마음을 읽어라 자녀는 용서만큼 자라난다
먼저 "잘못했다"고 말하라 자녀를 위해 나의 몹쓸 버릇 하나쯤은 고치자
행복을 보여 주는 만큼 자녀도 행복하다

자녀는 내 것이 아니다

"너희가 이런 일도 행하나니 곧 눈물과 울음과 탄식으로 여호와의 단을 가리우게 하도다 그러므로 여호와께서 다시는 너희의 헌물을 돌아보지도 아니하시며 그것을 너희 손에서 기꺼이 받지도 아니하시거늘 너희는 이르기를 어찜이니까 하는도다 이는 너와 너의 어려서 취한 아내 사이에 여호와께서 일찌기 증거하셨음을 인함이니라 그는 네 짝이요 너와 맹약한 아내로되 네가 그에게 궤사를 행하도다 여호와는 영이 유여하실지라도 오직 하나를 짓지 아니하셨느냐 어찌하여 하나만 지으셨느냐 이는 경건한 자손을 얻고자 하심이니라 그러므로 네 심령을 삼가 지켜 어려서 취한 아내에게 궤사를 행치 말지니라 이스라엘의 하나님 여호와가 이르노니 나는 이혼하는 것과 학대로 옷을 가리우는 자를 미워하노라 만군의 여호와의 말이니라 그러므로 너희 심령을 삼가 지켜 궤사를 행치 말지니라" 말라기 2:13-16

"자식은 여호와의 주신 기업이요 태의 열매는 그의 상급이로다

젊은 자의 자식은 장사의 수중의 화살 같으니 이것이 그 전통에 가
득한 자는 복되도다 저희가 성문에서 그 원수와 말할 때에 수치를
당치 아니하리로다"시편 127:3-5

　　하나님은 인간의 행복을 위해 가정을 주셨습니다. 두 사람이 만나
하나가 되어 서로를 보완해 주며 풍성한 삶을 살기를 원하셨습니다.
하지만 하나님의 진짜 숨은 의도는 두 사람만의 행복뿐이 아니라, 행
복한 부부를 통해 경건한 자손이 태어나고 양육되기를 원하셨
다는 것입니다. 경건한 자손을 통해 하나님 나라를 확장해 가는 것
이었습니다. 그래서 하나님은 아담과 하와를 만드시고, "생육하고
번성하고 충만하고 정복하고 다스리라!"는 명령을 주셨습니다.

　　미국의 유명한 가족 치료사인 버지니아 사티어는 "가정은 사람
을 만드는 공장"이라고 말했습니다. 가정은 사람이 사람답게 살 수
있도록 만드는 곳입니다. 한마디로 말하면, 건전한 인성을 갖고 인

간답게 살아갈 수 있는 사람을 만드는 곳이 가정입니다. 하나님에게 신성이 있듯이 인간에게는 인성이 있습니다. 인성은 "과연 인간은 어디에서 왔는가?" 하는 문제에서 출발합니다.

인간이 하나님께 왔음을 믿는 사람에게 인성은 하나님의 성품, 즉 신성에 참여하는 것입니다. 인간이 원숭이의 후손이라고 믿는 사람에게 인성은 동물적인 본능에 가까울 것입니다. 사회가 극도로 혼란해지고 있습니다. 고등학생들이 여중생을 집단으로 성폭행하고, 조직적인 수능시험 부정행위를 하는 등 사회가 도덕 불감증에 걸려 있는 것 같습니다.

"문제 자녀들이 있는 것이 아니라, 다만 문제 부모가 있을 뿐이다."라는 말이 있습니다. 전적으로 맞는 말은 아니지만, 부모들이 귀담아 들어야 할 내용이 있습니다. 사실 자녀는 내면화 과정을 통해, 부모의 삶의 태도와 가치관과 언어 습관 등을 그대로 배우면서 성장합니다. 그래서 부모는 자녀의 거울이라고 합니다.

부모가 자녀들에게 건전한 삶의 모델, 가치관, 세계관을 제시하지 못하고 경험시켜 주지 못했기 때문에 생긴 결과입니다. 성적 위주의 가치관, "돈이면 다 할 수 있다."는 황금만능주의, 한탕주의, 쾌락주의로 인해 우리의 자녀들이 오염되고 있습니다. 소비가 미덕이라고 하는 시대, 좋은 차, 좋은 아파트에 사는 사람이 성공한 사람으로 대접받는 시대에 살면서, 우리는 모두 혼돈과 무질서의 몸살을 앓고 있는 것입니다.

존 스토트는 그의 저서 《내 평생에 가는 길》에서 인간의 정체성을 "나그네와 유배자로 지상을 살아가는 천국 시민이요, 천성을 향해 가는 순례자"라고 표현했습니다. 그렇습니다. 우리는 나그네며, 죄 지은 유배자며, 천성을 향해 가는 순례자입니다. 인생을 항해에 비유하기도 합니다. 배가 항구를 떠나 항해하는 것, 그것이 우리의 삶입니다. 배는 항구를 떠나야 합니다. 항해할 때, 진짜 배가 되는 것입니다.

우리의 자녀들은 배와 같습니다. 언젠가 가정이라는 항구를 떠나 망망한 바다로 나아갈 것입니다. 배가 바다를 향해 나아가기 위해서는 사전에 항해 기술도 익히고, 연료를 채우며, 항해 준비물들을 챙겨야 합니다. 그때 배는 거대한 밧줄로 부두에 묶이어 안전하게 보호를 받으며 육체적이고 정신적이고 영적인 연료를 공급받습니다.

 **강의노트** 자녀에게 성장 연료 공급하기

연료 1. 사랑

늘 사랑받고 있고 그래서 나는 가치가 있는 존재라는 생각을 가지도록 해야 합니다.

연료 2. 소속감

가족 관계를 통해 다른 사람과 관계를 맺는 능력을 배양

시켜 주어야 합니다. 이러한 과정을 통해 자녀는 분명한 소속감을 느낄 것입니다.

연료 3. 자신감

소규모 항해에서 성공한 기억들, 즉 부모와 함께 일하면서 얻은 칭찬과 격려와 인정이 필요합니다. 이런 자녀는 자신감이 있을 것입니다. 어떠한 파도가 밀려와도 자신 있게 헤쳐 나갈 것입니다.

연료 4. 하나님에 대한 경외

하지만 가장 중요한 것은 영적인 연료를 공급해 주는 것입니다. 이것이 인간으로 태어나 인간답게 사는 데 가장 필요한 요소입니다. 하나님을 부정하는 인간은 동물의 후예임을 스스로 증명하는 셈입니다. 인간의 실존에 대해 가르쳐야 합니다.

부모들이 가장 실수하는 것 중의 하나는 부모는 늘 '완벽한 척' 한다는 것입니다. 아이들이 부모와 다른 의견을 제시하면, "야 임마! 네가 뭘 안다고 그래? 아빠가 하라는 대로 해. 아빠가 다 알아서 하는데 무슨 잔소리가 많아?" 하고 윽박지릅니다. 아빠는 늘 전지전능하신 분, 최고의 권위자인 것처럼 행동합니다.

부모는 최고의 권위자는 아닙니다. 부모는 하나님에게 그 권위를 위임받은 사람일 뿐입니다. 따라서 최고의 권위자는 하나님이십니다. 늘 이점을 명심하고 자녀들을 양육할 때, '하나님의 뜻' 을 묻고 구하는 겸손한 태도가 중요합니다. 범사에 하나님을 인정하는 영성, 하나님의 사랑과 공의를 경험시켜 주는 삶의 태도가 자녀들에게 영적인 원료를 제공하는 길입니다. 그런 부모 밑에서 자란 자녀들은 곁길로 가지 않습니다. 곁길로 가더라도 반드시 돌아옵니다. 돌아온 탕자에 나오는 비유가 바로 그 이야기입니다.

자녀는 하나님이 보내 주신 손님일지도 모릅니다. 그들은 언젠가는 떠납니다. 떠나기 전에 최선을 다해 섬기고 사랑을 베풀어야 합니다. 부모가 믿는 하나님 아버지를 경험시키고, 자란 후에는 가정이라는 항구에서 떠나보내야 합니다. 그 자녀는 세상이라는 바다에서 어떠한 파도가 밀려와도 당당히 헤쳐 나아가 생육하고 번성하고 충만하고 정복하고 다스리라는 명령을 수행해 나아갈 것입니다. 경건한 자손을 양육하는 가정, 그 가정이 바로 행복한 가정입니다.

phrase 네 집 내실에 있는 네 아내는 결실한 포도나무 같으며 네 상에 둘린 자식은 어린 감람나무 같으리로다. 여호와를 경외하는 자는 이같이 복을 얻으리로다. 시편 128: 3-4

prayer 우리 자녀를 하나님의 귀한 선물로 주심을 감사드립니다. 자녀와 함께 있는 동안, 하나님의 마음으로 사랑하고 하나님의 사랑과 공의를 경험시킨 후에 세상을 향해 떠나보내게 하소서.

자녀의 마음을 읽어라

아버지학교가 한창 진행되고 있었습니다. 엄마, 아빠, 그리고 딸 셋이 강단에 나왔습니다. 진행자가 딸에게 물었습니다.

"아빠가 어떻게 변했는지 한 가지만 이야기해 줄래요?"

초등학교 3학년이던 아이는 아빠를 흘깃 바라보고는 이야기했습니다.

"아빠가 얼마 전에요, 제가 밥에서 콩을 골라 상 위에 놓았더니, 빙그레 웃으시면서 '콩은 몸에 좋은 거란다.' 고 말씀하셨어요."

진행자가 궁금해서 다시 물었습니다.

"그게 무슨 소리인지 좀 자세히 이야기해 줄래?"

결국은 엄마가 거들어서 밝혀진 진상은 이랬습니다. 그 아이는 밥에 들어 있는 콩을 싫어했습니다. 콩 밥이 건강에 좋다고 주장하는 남편의 요청에 엄마는 딸이 싫어하는 것을 알면서도 콩밥을 하지 않을 수가 없었고, 딸에게는 가능한 한 콩이 들어가지 않도록 신경을 썼지만, 그래도 몇 개씩은 들어갈 수밖에 없었습니다. 그래서 아

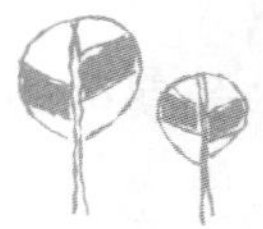

이는 밥을 먹다가 콩을 발견하면 콩을 슬며시 빼서 상 위에 올려놓
곤 했습니다. 그럴 때마다 아빠에게 혼이 났다는 것입니다.

"먹어!"

그러면 끝이었습니다.

"아빠, 나 콩 싫어!" 하면, "이게 어디 말대꾸야!" 하고 윽박지르
는 아빠 앞에서 아이는 꼼짝 못하고 울음을 터뜨렸습니다. 그러면
"밥 먹지 마!" 불호령이 떨어지곤 했습니다.

"여보, 밥 먹는 애한테, 뭘 그래요? 애가 콩이 싫다는데."

엄마가 이렇게 이야기라도 하면 아이 엄마에게도 불똥이 튀기도
했습니다.

"당신이 애를 그런 식으로 교육시키니까 그렇지!"

그러니 식사 시간은 즐겁기는커녕 긴장감이 도는 시간으로 바뀌
기 일쑤였다는 것입니다. 그런데 아버지학교를 다닌 이후로는, 아빠
의 입에서 이런 말이 나왔다는 것입니다.

"콩은 몸에 좋은 거란다."

“아빠, 난 그래도 싫은데.”

“그렇게 콩이 싫으니? 그렇다면 할 수 없지. 그래도 콩은 몸에 좋은 건데 한번 먹어 보도록 해라. 나중에 건강을 생각해서.”

그 아이가 얼마나 감격했겠습니까? 옆에 있던 엄마도 놀라서 말을 못하고……. 그래서 그날 얼마나 맛있게 저녁을 먹었는지 모른다고 했습니다. 옆에서 이야기를 듣고 있던 아버지는 그저 빙그레 웃기만 했습니다.

“예전에는 이런 이야기를 남 앞에서 했어 봐요. 우린 다 죽었어요. 그런데 이 이가 이젠 너무 많이 변했어요. 우리가 무슨 이야기를 해도 이렇게 듣고만 있어요.”

장내에는 웃음이 터졌지만 그것은 감동이었습니다.

자녀가 원하는 것은 아버지가 자기의 이야기에 귀 기울여 주는 것입니다. 하지만 아버지들은 자녀의 이야기를 들으려고 하지 않습니다. 그리고 바로 정답을 이야기하고 해결책을 제시합니다.

“아빠, 나 아빠한테 할 이야기가 있어요.”

자녀가 와서 이렇게 말하면, 대부분의 아버지는 이렇게 말합니다.

“왜, 돈 달라고?”

“너 무슨 일 있니?”

“너 학교에서 사고 쳤니?”

“너 뭐 잘못한 거 있지?”

아들이 "아니야, 아빠 그런 게 아니야!" 하고 말하면, "그럼 빨리 말해 봐! 도대체 무슨 일이야?" 하고 다그치기 일쑤입니다. 도대체 들을 준비가 되어 있지 않은 아버지 앞에서 자녀들은 이야기하고 싶은 마음이 사라져 버립니다. "응, 됐어, 아빠!" 하고는 아버지를 피해 버립니다.

어떤 아이들은 용기를 내서, "아빠, 사실은 내 친구, 누구누구 있지? 그 애가 요즘 내 맘을 너무 아프게 해." 하고 말문을 열기도 합니다. "야, 그런 애는 잊어버려. 뭐 너 친구가 그렇게 없니?" 하고 딱 해결책을 이야기하는 아빠에게는 더 이상 할 이야기가 없습니다.

어떤 아버지는 이렇게 고백했습니다. 자기 아이가 학교를 마친 다음 학원에 가야 하는데, 조금 늦는 바람에 학원 갈 시간을 놓쳤다는 것입니다. 이미 학원 시작 시간이 훨씬 지나서 집에 들어오는 아들에게 화가 나서 "너 왜 이렇게 늦게 들어왔어? 너 아빠가 뭐라고 그랬어? 학원에 빠지지 말라고 그랬지? 너 지금 몇 학년이냐 이 자식아, 왜 그렇게 말귀를 못 알아들어?" 하고 다그쳤습니다. 그러자 아들이 퉁명스럽게 "네, 친구네 집에 갔었어요." 하더라는 것입니다. "그럼 집에 전화라도 해야지 이 자식아!" 하면서 한 대 쥐어박았더니, 아들이 "아빠, 왜 이러세요."라고 하더랍니다. 이에 아버지는 더 화가 나서, "이 자식 너 뭘 잘했다고 그러는 거야?" 하면서 본격적으로 때렸다는 것입니다. 아이는 결국 울음을 터뜨렸습니다. 나중에 아내에게 자초지종을 들은 아버지는 자신의 성급했음에 후회를 했지만 그땐 이미 물이 엎질러진 후였습니다.

사실 그 아이는 친구와 함께 잠시 어딜 갔다가 돌아오는 중에 친구가 갑자기 배가 아프다는 바람에 집에까지 데려다 주었다고 했습니다. 그런데 마침 그 친구 집에 아무도 없어서 그 아이들 부모님께 연락을 하고, 그 친구 엄마가 돌아와서 병원에 가는 것까지 보고 오느라 늦었다는 것입니다. 그 이야기를 듣고, 얼마나 무안했는지 몰랐다고 합니다. 아들은 참 좋은 일을 했는데 이런 아들을 욕하고 때렸으니, 아들은 아빠에게 혼나고 얻어맞으면서, '부당하다. 이건 부당하다.'고 생각했을 것입니다. 그 아이의 마음속엔 분명 그 부당함에 대한 분노가 있었을 것입니다.

어떤 중학교에서 "무슨 일이 있을 때 누구와 의논하는가?" 하는 질문에 "아버지"라고 대답한 학생의 숫자가 이백 명 중에 열 명도 되지 않았다고 합니다.

미국에서 있었던 일입니다. 어떤 판사가 재판을 진행하던 중, 피고인의 얼굴을 보니 자기가 그렇게 존경했던 훌륭한 법조인의 아들이었습니다.

"당신 누구누구의 아들 아닙니까?"

"네, 저는 그분의 아들입니다. 하지만 그분은 제가 필요할 때, 제 곁에 없으셨습니다."

"그게 무슨 말입니까?"

"네, 제가 늘 무슨 일이 있어 아버지에게 '아버지 드릴 말씀이 있는데요.' 하면 아버지는 책을 읽고 계셨고, 이 책을 읽은 다음에 이야기하자고 말씀하셨습니다. 사춘기 시절, 제가 방황하고 있을 때, 너무 괴로워 아버지에게 '아버지 저 드릴 말씀이 있어요.' 했지만, 아버지는 또 그렇게 말씀하셨지요. 아빠 지금 매우 중요한 판례를 읽고 있단다. 나중에 이야기하자. 그래서 전 더 이상 아버지 방에 가지 않았습니다. 아버지는 제가 필요할 때 제 곁엔 안 계셨습니다."

재판을 맡은 판사는 속으로 생각했습니다.

'아버지는 훌륭한 법조인이셨고 그 많은 책을 읽었지만, 아들의 마음은 읽지를 못했구나. 그 많은 피고와 원고의 이야기는 들었지만 정작 아들의 이야기는 들을 시간이 없었구나.'

말하기 전에 들어야 합니다. 상대방이 이야기하는 것을 들어야 합니다.

"내 사랑하는 형제들아 너희가 알거니와 사람마다 듣기는 속히 하고 말하기는 더디 하며 성내기도 더디 하라"야고보서 1:19

좋은 대화는 듣고 말하고 함께 성장하는 것입니다. 인간은 관계 속에서 성장합니다. 관계의 시작은 바로 상대방의 이야기를 잘 들어주는 것입니다. 이야기를 잘 들어주기 위해, 우선 자녀에게 관심을 기울여야 합니다. 신문을 보거나, 텔레비전을 보면서 아이의 이야기를 들어서는 안됩니다.

우리는 누군가 나의 이야기를 들어줄 사람이 필요합니다. 그분이 권위가 있는 분일수록 나의 중요성은 더욱 부각될 것입니다. 최고의 존재, 하나님 아버지가 나의 이야기에 귀 기울이고 있다는 확신이 우리를 승리의 삶으로 인도하듯, 가정의 최고의 권위, 아버지가 내 말에 귀 기울이고 있다는 확신이 우리 자녀를 성장시키고, 자신감을 불러일으킬 것입니다.

나의 이름은 남자입니다. 남자는 그래도 되는 줄 알았습니다.
식구들이 모두 모여 기다려도 일 있으면 늦어도 되는 줄 알았습니다.
아이 생일날을 기억하지 못해도 친구와 한 약속은 어김없이 지켜야
의리 있는 사나이인 줄 알았습니다.
가정의 소소한 즐거움보다는 직장과 조직에서의 성공이 더 위대한
줄 알았습니다.
남자는 그래도 되는 줄로 알았습니다. 그래야 진짜 남자인 줄 알았습
니다.
그런데 이제 보니 나의 이름은 아버지였습니다.
자녀들이 애타게 기다리는 아버지였습니다.
머리 한 번 쓰다듬어 주길…… 다정한 말 한 번 건네 주길 바라는 아
버지였습니다.

나의 이름은 남편이었습니다.

퇴근하면 곧장 집으로 돌아와 든든히 자리를 지켜 주길 바라는 남편

이었습니다.

아내가 정성 들여 만든 반찬을 함께 먹어 주고 바깥에 있었던 일을

소곤소곤 이야기하며

언제나 친구같이 다정하게 있어 주길 바라는 남편이었습니다.

나의 고운 아내가 세상에서

가장 소중하게 생각하는

바로 그 남편이었습니다.

무명

phrase 내 사랑하는 형제들아 너희가 알거니와 사람마다 듣기는 속히 하고 말하기는 더디 하며 성내기도 더디 하라. 야고보서 1:19

prayer 늘 자녀의 말에 귀 기울이고, 자녀의 속마음을 읽을 줄 아는 부모가 되기를 소망합니다. 자녀를 내 소유로 생각하여 무례히 범하는 어리석음을 막아 주시고 그 자녀를 존중하는 부모가 되도록 하소서.

자녀는 용서만큼 자라난다

"아이들을 크게 나무랄 때는 누가 총대를 메는 것이 좋을까요?"

자녀 교육의 어려움은 "바로 이것이다!"이라는 정답이 없다는 것입니다. 가정환경, 자녀 개개인의 성격, 기질, 그리고 부모와의 관계 등 여러 가지 변수가 너무나 많기 때문에 정해진 답이 없다는 것입니다.

하지만 분명한 원칙은 있습니다. 자녀 교육의 기본은 사랑과 훈계라는 것입니다. 사랑해야 할 때 충분히 사랑해 주어야 하고, 훈계할 때 정확히 훈계해야 한다는 것입니다. 성경은 분명히 "또 아비들아 너희 자녀를 노엽게 하지 말고 오직 주의 교양과 훈계로 양육하라"에베소서 6:4고 명령하고 있습니다. 반드시 훈계가 있어야 하는데, 자녀를 노엽게 하지 말라는 것입니다. 다시 말하면, 훈계도 사랑에 근거해야만 한다는 것입니다.

부모가 자녀를 야단칠 경우는 크게 두 가지입니다. 잘못을 했을 때와 실수를 했을 때입니다. 우선 여기서 문제가 되는 것은 실수했을 때 야단을 치는 것입니다. 인간은 누구든지 실수할 수 있습니다. 특히 미숙한 자녀들은 실수를 하면서 자랍니다. 실수는 그릇된 길로 가는 것이 아니라 미숙함을 드러내는 것뿐입니다. 발전 가능성을 내보이는, 어쩌면 잠재력을 내보이는 기회인지도 모릅니다. 따라서 부모는 실수를 용납해 주어야 합니다.

하지만 우리는 누군가 실수했을 때 주로 야단을 칩니다, 자녀가 실수했을 때 야단치는 경우가 많습니다. 마룻바닥 위에 무엇을 흘렸다거나, 숙제를 잊어버렸거나, 엄마가 시킨 심부름을 깜빡했다거나, 물을 엎지르거나 하는 것 등은 잘못이 아니라 실수입니다. 이런 실수에 대해, "넌 왜 하는 짓이 늘 그 모양이냐?" "너 도대체 이 다음에 커서 뭐가 될래?" 하고 윽박지르거나, 심하게 야단을 친다면 자녀는 노여워합니다. 억울하다는 생각, 섭섭하다는 생각이 들기 때문입니다. 자녀가 실수했을 경우, 그것이 단순한 실수인가 아니면 고의적 실수인가를 정확히 분별할 수 있어야 합니다. 그에 따라 부모의 행동이 달라져야 합니다.

정확한 분별력을 가지려면, 부모는 평소 자녀의 행동에 대한 깊은 관심과 통찰력이 있어야 합니다. 단순한 실수인지 어떤 의도를 가지고 저지른 실수인지를 분별해야 합니다. 단순한 실수였다면 용납하십시오. 가볍게 주의를 주는 것으로 충분합니다. 그리고 스스로 생각하고 판단할 기회를 주어 좋은 결과를 얻도록 격려하는 일이 중요합니다.

하지만 고의성이 있는 실수인 경우에는 그 내용이 무엇인지를 파악해야 합니다. 부모의 관심 부족으로 인한 '관심 끌기' 인지, 아니면 부모와의 '힘겨루기' 인지를 파악해야 합니다. 관심 끌기인 경우는 관심을 보여야만 합니다. 더 깊은 사랑과 관심이 필요합니다.

하지만 자녀가 힘겨루기를 하고 있는 경우, 적절히 훈계를 해야 합니다. 특별히 자녀가 부모와 힘겨루기를 하는 장소는 사람의 이목이 집중되는 곳입니다. 이런 곳에서 아이가 힘겨루기를 시도하면, 부모는 꼼짝없이 당할 수밖에 없습니다. 왜냐하면 그런 공공 장소에서 자녀는 이미 부모가 주위의 시선을 의식해서 늘 자신에게 진다는 것을 알고 있기 때문입니다. 따라서 이런 경우는 처음부터 용납해서는 안됩니다. 부모와의 힘겨루기를 할 때 결국 자신이 손해라는 것을 알도록 해야 합니다. 그래야 그는 부모와의 힘겨루기를 중단하고, 부모에게 순종하는 자녀가 될 것입니다.

정말 자녀들이 잘못을 했을 경우에는 반드시 훈계를 해야 합니다. 우리의 자녀들은 다 양 같아서 혼자 놓아 두면, 그릇 행하여 각기 제 길로 가기 쉽습니다. 그들의 영혼을 소생시키고 그들을 올바른 길로 인도할 책임은 부모에게 있습니다. 제일 좋은 방법은 부모님이 먼저 그 길을 걸어가는 것입니다. 자녀는 부모의 등을 보고 자랍니다.

우리는 흔히 이렇게 이야기합니다.
"애, 이다음에 커서 아빠처럼 되지 마라."
"넌 엄마처럼 살지 마라."
하지만 자녀들은 대부분 부모님이 걸어가신 그 길을 걸어갑니다.
부모님은 완벽한 존재가 아닙니다. 때론 실수하고, 잘못도 저지를 수 있습니다. 하지만 그때, 자녀들에게 용서를 구하는 것이 중요합니다. 부모는 늘 완벽한 척해서는 안됩니다. 자녀들은 부모도 때로는 잘못한다는 것을 잘 알고 있습니다. 완벽한 부모는 없습니다. 충분한 부모가 있을 뿐입니다. 우리 모두는 죄인이기 때문입니다.

훈계의 기본은 신뢰입니다. 신뢰가 없는 훈계는 폭력일 뿐입니다. 신뢰가 없는 훈계는 잔소리일 뿐입니다. 신뢰가 없는 훈계는 반항심만을 키울 뿐입니다. 훈계를 위해서는 신뢰가 있어야 합니다. 신뢰를 쌓기 위해서는 사랑과 용납이 있어야 합니다. 그래서 부모는 평소에 충분한 사랑과 용납을 베풀어야 합니다. 그래도 자녀가 그릇된 길로 가고 있을 때, 훈계해야 하는 것입니다. 자녀가 모르고 잘못을 저질렀을 때, 훈계를 통해 행동을 바꿀 수 있습니다. 그래야 자녀는 부모의 사랑을 경험합니다.

올바른 길을 제시해 주는 것이 필요합니다. 식당이나 조용히 해야 할 모임 등에서 마구잡이로 뛰는 아이를 전혀 말리지 않고 두는 부모님들은 잘못된 메시지를 자녀들에게 전달하고 있는 것입니다. 야단을 쳐야 합니다. 공중질서를 잘 지키도록 주의를 주어야 합니다. 그러기 위해서는 부모가 먼저 공중질서를 지켜야 합니다.

자녀 앞에서 학교 선생님 흉을 보거나, 교회 지도자 흉을 보는 일, 자녀들이 학교 선생님이나 교회 지도자를 무시하는 언동을 할 때는 묵인하거나 무조건 동조하지 말고 깊이 생각해 보아야 합니다. 자녀들이 왜 그런 생각을 하고 왜 그런 말을 하는지를 물어보고, 올바른 방향을 제시해 주어야 합니다.

그렇다면 크게 야단을 칠 때 누가 하는 것이 좋겠습니까?

나의 대답은 어머니입니다. 아버지는 자녀와 함께하는 시간이 많지 않습니다. 따라서 아버지가 크게 야단을 치면, 자녀들은 상처를 받고, 노여워합니다. 평소에도 감정적 교류가 적은데다 상처와 두려움은 아버지와 자녀 사이를 더욱 멀어지게 만들 수도 있습니다. '아빠는 늘 야단치는 사람' 이라는 두려운 존재로 남기 마련입니다.

그리고 아버지는 감정 처리를 못해서 야단을 친 후에도 사후 관리를 하지 못합니다. 감정을 그대로 놓아두거나, 미안해 하며 공연한 선물 공세를 하거나 외식을 사 줄 뿐입니다. 이러면 오히려 자녀들을 그릇된 길로 인도할 수도 있습니다.

그에 반해 어머니는 평소에 잔 사랑을 많이 베풀 수 있습니다. 그래서 어머니가 훈계를 해도 자녀들은 대개 노여워하지 않습니다. 그리고 더욱 중요한 것은 어머니는 감정 처리를 잘해서 사후 관리도 잘한다는 것입니다. 때로는 함께 부둥켜안고 울기도 하고 자녀들을 잘 달래 줄 수 있다는 것입니다. 그래서 어머니가 하는 것이 좋다는 이야기입니다.

하지만 훈계할 때는 부모가 서로 역할을 잘해야 합니다.

만일 자녀가 울면서, "아빠, 엄마가 때렸어!" 하고 말한다면, "아니 그런 나쁜 엄마가 있나?" "네가 맞을 짓을 했구나!" 하고 말해서는 절대로 안됩니다.

우선 공감해 주는 것이 필요합니다. "응, 너 많이 아팠나 보구나. 엄마가 우리 ¡¡이한테 왜 그랬을까? 엄마는 ¡¡이를 제일 사랑한다고 그러던데. 지난 번 ¡¡이가 아팠을 때, 엄마는 막 우시던데 이번에 혹 우리 ¡¡이가 뭘 크게 잘못했나? 어디 아빠가 한번 알아볼까?"

그렇게 자녀의 이야기를 들으면서, 올바른 길을 제시해 주는 것입니다.

“아빠가 엄마와 이야기해 보니까 이러저러한 행동이 엄마를 섭섭
하게 했대. ○○이를 야단치고 엄마도 마음 아파하는 걸. ○○이가
가서 엄마한테 잘못했다고 그러는 게 어떨까? 자, 아빠하고 엄마한
테 가 보자.”

가장 위대한 훈계는 용서입니다. 용서 없는 훈계는 분노의 다
른 모습일 뿐입니다. 자녀가 결정적으로 잘못했을 경우, 도저히 용
서받을 수 없는 일을 저질렀다고 절망하고 좌절해 있을 때, 그때 용
서하십시오. 그것이 최고의 훈계이며 사랑입니다.

 **강의노트** 자녀 훈계 7계명

1. 훈계의 기본은 신뢰다. 신뢰를 먼저 얻어라.
2. 실수했을 때가 아니라 잘못했을 때 훈계하라.
3. 훈계할 때 부부가 역할을 분담하라. 훈계는 주 양육자(엄마)가
   하라.
4. 상대방의 훈계가 잘못되었다 할지라도 훈계할 때 자녀 편을 들
   지 말라.
5. 훈계 후에는 자녀의 감정 처리를 해 주라. 공감하라.
6. 훈계하지 말고 삶으로 보여 주라. 먼저 그 길을 가라.
7. 부모도 실수할 수 있음을 인정하라.

아버지학교를 수료하신 한 아버지의 아들이 오토바이를 훔쳐 타고 다니다가 경찰에 잡혀 파출소에 끌려간 일이 있었다고 합니다. 파출소로 간 아버지는 아들을 그냥 안아 주었습니다.

"오토바이가 그렇게 타고 싶었나 보구나. 아빠가 잘 해결해 줄 테니 걱정하지 마라. 사람은 누구나 잘못할 수 있는 거야!"

"아버지, 제가 잘못했어요."

아들은 평소와 다른 아버지의 모습을 보고 그 아들이 눈이 휘둥그레지며 눈물을 흘렸습니다. 그렇게 말을 듣지 않고 대들기만 하던 아들이 아버지 품에 안겨 울더라는 것입니다. 사랑은 허다한 허물을 덮고 사람을 변화시키는 것입니다.

phrase 그런즉 너희는 차라리 저를 용서하고 위로할 것이니 저가 너무 많은 근심에 잠길까 두려워하노라 그러므로 너희를 권하노니 사랑을 저희에게 나타내라. 고린도후서 2:7-8

미움은 다툼을 일으켜도 사랑은 모든 허물을 가리우느니라. 잠언 10:12

prayer 자녀가 실수하거나 잘못했을 때 감정적으로 몰아세우지 아니하고 용서하는 마음을 주세요. 훈계를 할 때는 사랑으로 하여, 훈계의 목적이 야단치는 데 있는 것이 아니라 아이를 바로 세워 가는 데 있음을 항상 기억하게 하소서.

먼저 "잘못했다"고 말하라

"누가 그랬어? 누가 시동을 꺼 놓았어?"

내 입에서 큰 소리가 나왔습니다. 꽤 오래전 온 가족이 설악산으로 놀러갔을 때의 일입니다. 그런데 자동차를 주차장에 세워놓고 잠시 화장실도 다녀 올 겸, 길을 묻기 위해 온 가족이 밖으로 나온 사이 장난기가 많은 둘째 아이가 시동이 걸려 있던 시동을 끄고 내렸습니다. 시동을 꺼 버리자 자동차는 자동으로 문이 닫히고 말았습니다. 다시 들어가려는 순간 문이 잠겨 있음을 발견한 나는 너무도 당황해서 큰 소리를 지르고 말았던 것입니다. 순간 눈치를 보고 있던 둘째 아이가 몸을 움츠리며 들어가는 소리가 말했습니다.

"아빠, 내가 그랬어요. 잘못했어요."

그때 저는 그 아이를 무섭게 노려보았습니다.

"자식, 하는 짓이라곤."

결국은 열쇠 전문가를 불러와서야 겨우 문이 열렸습니다. 나는 키를 돌리며, 또 한마디를 하고 말았습니다.

"이제부턴 아버지가 시키지 않은 짓은 하지 마. 알았어!"

"네, 알았어요, 아빠."

힘없이 대답하는 아들의 모습이 아직도 기억에 선합니다. 아빠가 자신을 노려보는 눈과 차가운 언행으로 무섭고 공포에 질린 당시 초등학교 저학년이던 둘째 아이는 울음조차 터뜨리지 못했습니다.

그후 한참 동안 둘째 아들은 주눅이 들어 했고, 나를 슬슬 피하면서 자신 없어 하던 모습이 생각납니다. 지금 생각하면 너무나도 가슴이 아프고 참, 무식했다는 생각이 듭니다. 나는 아버지학교를 한 이후, 아들에게 그 일을 이야기하면서 사과를 했습니다. 그랬더니 둘째 아들은 씩 웃으면서 말했습니다.

"아버지, 전 다 잊었어요. 잘 기억도 안 나요."

둘째의 마음속에 남아 있던 쓴 뿌리가 제거되는 순간이었습니다.

해외에서 있었던 일입니다. 지원자로 참여하신 한 아버지, 그분은 그 지역사회의 지도자였습니다. 하지만 아들을 너무 엄격히 키우는 바람에 아들과의 관계가 깨졌고, 아버지는 지역사회 일로 늘 바빠서 함께하는 시간이 거의 없었다고 합니다. 결국 아들은 사춘기에 접어들자 격렬하게 반항하기 시작했고, 아버지는 더 강압적으로 폭력을 휘두르게 되었고, 급기야 아들은 아버지와 담을 쌓아 버렸습니다. 아버지학교에 입학할 즈음에는 아예 아버지만 보면 주먹을 불끈 쥐고 싸울 태세를 갖추기도 하고, 한 번은 부자가 서로 멱살을 잡고 싸우는 바람에 지역 경찰까지 동원되는 일이 벌어지기도 했다는 것입니다. 아들과 관계를 개선하기 위해 할 수 없이 아버지학교에 입학하게 되었다는 것입니다. 첫날 아버지학교의 숙제는 자녀를 안아 주고 "사랑한다."고 고백하고, 자녀에게 '축복 기도 해 주기'였습니다. 그분은 도저히 이것을 할 수가 없었습니다. 자신만 보면 싸울 태세를 하고 노골적으로 반감을 보이는 아들에게 접근할 방법이 없었던 것입니다. 그분이 생각해 낸 지혜는 아내의 도움을 받는 것이었습니다.

"얘, 네 아버지가 지금 아버지학교에 다니는 거 알지? 아버지학교에 숙제가 있는데 네 머리에 손을 얹고 축복 기도를 하는 것이란다. 숙제를 안 하면 학교엘 갈 수가 없단다. 아버지를 좀 도와다오. 엄마하고 함께 들어갈 테니 문 좀 열어다오."

그러고 나니 잠시 후, 아들이 문을 열더라는 것입니다. 그래서 처음으로 아내 옆에서 아들의 머리 위에 손을 얹고 축복 기도를 하기 시작했습니다. 그리고 며칠이 지났습니다.

"또 하나의 숙제가 있단다. 그것은 너를 안아 주고 '사랑한다.' 고 고백하는 거야. 그 숙제도 해야겠다."

그러고는 아들을 안고 "사랑한다. 아들아." 라고 말을 했다고 합니다. 처음엔 무심한 표정을 짓고 있던 아들도 한 2주 정도 지나자 조금씩 반응을 보이기 시작했습니다.

"얘야, 아버지가 잘못했다. 아버지학교에서 공부해 보니 정말 너에게 잘못했다. 사실 난 아버지 자격도 없는 사람이더구나. 용서해라. 네 할아버지한테 받은 영향력을 그대로 너에게 대물림했더구나. 난 할아버지처럼 살고 싶지 않았는데. 너한테 꼭 할아버지 같은 사람이 되고 말았구나. 다 아버지의 잘못이다. 아버지를 용서해 줄 수 없겠니?"

아버지의 눈에는 눈물이 흘렀고, 곁에 서 있던 아내도 울고, 그 이야기를 가만히 듣고 있던 아들의 눈에서도 눈물이 뚝 떨어지더라는 것입니다. 그렇게 그 부자의 관계는 회복되었습니다.

어떻게 이런 일이 일어날 수 있을까요 ? 이것이 바로 교정적 감정 체험이라는 것입니다. 그렇게 뿌리 깊은 상처라 할지라도 아버지의 "얘야, 내가 잘못했다. 나를 용서해라."는 한마디에 녹아내릴 수 있는 것입니다.

치유의 가장 좋은 과정은 상처를 준 자가 용서를 구하는 것입니다. 특별히 큰 상처를 준 일이 있다면 반드시 용서를 구해야 합니다. 하지만 아버지들이 자녀에게 먼저 용서를 구하지 않는다는 것이 문제입니다.

늘 올바른 소리만 하시는 아버지, 하지만 인간이기에 실수를 하시는 아버지, 그렇지만 아버지는 그 실수를 인정하지 않으신다는 것입니다. 그래서 자녀들은 더욱 더 큰 상처를 받는지도 모릅니다. 자녀에게 잘못한 일이 있으면 반드시 사과를 해야 합니다. 부당하게 화를 냈거나, 부당한 요구로 자녀를 당혹하게 만들었거나, 부당한 비교, 처우로 자녀의 자존감을 무너뜨렸다면 사과해야 합니다.

지난 일이라도 사과하면 풀어지는 것이 가족 관계입니다. 지난 일, 다 잊었다고 하지만, 그 쓴 뿌리는 무의식 속에 저장되어 있을 수도 있습니다. 치유할 수 있으면 치유해야 합니다. 아버지의 한마디, "아빠가 잘못했다. 용서해라." 그 한마디가 가장 효과 있는 명약입니다. 그 순간 자녀도 치유되고 아버지도 치유를 받는 순간입니다. 한 사람은 상처가 치유되고, 한 사람은 포로 된 마음에서 자유를 얻습니다. 이것이 진정한 치유입니다. 치유가 되면 두 사람의 신뢰의 관계가 새롭게 형성되는 것입니다.

아버지가 다가서야 합니다. 자녀가 잘못한 것을 먼저 지적하지 말고, 사랑으로 다가서야 합니다. 아버지가 먼저 잘못을 고백해야 합니다. 하나님은 죄인인 우리에게 그렇게 다가오셨습니다.

"우리가 아직 죄인 되었을 때에 그리스도께서 우리를 위하여 죽으심으로 하나님께서 우리에게 대한 자기의 사랑을 확증하셨느니라" 로마서 5:8

자녀에게 잘못한 것이 생각나면 반드시 먼저 다가서서 사과하십시오. 그것이 치유의 시작입니다. 새로운 신뢰 관계가 만들어지고, 그 위에 사랑이 열매를 맺기 시작합니다. 그때 악순환의 고리가 끊기고 새로운 가문의 역사가 시작되는 것입니다.

phrase 요셉의 형제들이 그 아비가 죽었음을 보고 말하되 요셉이 혹시 우리를 미워하여 우리가 그에게 행한 모든 악을 다 갚지나 아니할까 하고 요셉에게 말을 전하여 가로되 당신의 아버지가 돌아가시기 전에 명하여 이르시기를 너희는 이같이 요셉에게 이르라 네 형들이 네게 악을 행하였을지라도 이제 바라건대 그 허물과 죄를 용서하라 하셨다 하라 하셨나니 당신의 아버지의 하나님의 종들의 죄를 이제 용서하소서 하매 요셉이 그 말을 들을 때에 울었더라. 창세기 50:15-17

prayer 부모가 잘못했을 경우, 자녀에게 먼저 다가가 용서를 구하는 용기를 허락해 주소서. 자녀와의 용서와 화해 속에 치유와 회복의 역사가 일어나게 하소서.

자녀를 위해 나의
몹쓸 버릇 하나쯤은 고치자

어느 날 밤, 교회의 교구 모임에 참석하러 가는 길에 한 여자 집사님을 엘리베이터 안에서 만났습니다. 그 자매님은 내게 반갑게 인사를 하고는 갑자기 초등학생 정도로 보이는 아들에게, "애, 빨리 인사드려! 아버지학교 장로님이셔!"라고 말하는 것이었습니다.

'아니 나를 처음 보는 아들에게, 아버지학교 장로님이라며 빨리 인사를 하라니. 뭐 그렇게까지 할 필요가 있을까?'

그러자 아이가 갑자기 머리를 90도로 숙이면서 "장로님, 안녕하세요?" 하고 꾸벅 절을 하는 것이었습니다. 나는 순간 '아! 뭔가 사연이 있는가 보다.' 생각하면서, 아들에게 물었습니다.

"얘야, 혹시 아빠가 아버지학교를 하셨니?"

"네, 하셨어요!"

"역시 그랬었구나!"

"그래 아빠가 아버지학교 이후에 변하셨니?"

"그럼요, 많이 변하셨어요."

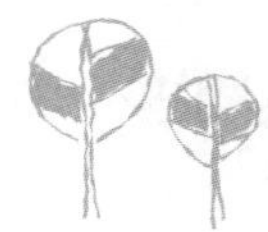

“뭐가 변했는지 한 가지만 얘기해 줄 수 있니?”

“아빠가 술을 끊으셨어요!”

“아빠가 술을 끊은 것이 그리 좋으냐?”

“네, 너무 좋아요. 아빠가 술을 먹고 들어오시면 우리가 너무 힘들었어요. 그런데 아빠가 술을 끊으시고 일찍 들어오셔서 저하고 놀아 주기도 하시고, 엄마하고도 사이가 좋아졌어요.”

아들의 모습을 사랑하는 눈으로 바라보고 있던 자매님이 빙그레 웃으며 거들었습니다.

“어느 날, 이 아이의 일기장을 우연히 봤는데, 그날 일기 제목이 ‘꿈은 이루어진다.’였어요. 그래서 무슨 이야긴가 해서 읽어 보았지요. 사실 아빠의 술 때문에 아이와 제가 힘들었거든요. 아빠는 술만 먹지 않으면 좋은 분인데, 술을 먹고 들어오면 가족을 힘들게 하곤 했어요. 이 아이는 하나님께 아빠 술 좀 끊을 수 있게 해 달라고 기도했는데, 기도도 이루어지 않고 또 아빠가 약속을 지키지 않자 너무 실망한 나머지 거의 포기 상태로 있었다는 거예요.

그런데 어느 날 아빠가 아버지학교에 다녀와서, '이젠 진짜 술을 끊겠다.' 고 선언했는데, 아이는 처음엔 믿지 않았어요. 그런데, 일주일, 한 달이 지나자 아이가 감동을 했나 봐요. 그래서 일기장에다 그 이야기를 썼어요. 하나님께 감사하고 술을 끊어 준 아빠에게도 감사하면서, 그래서 제목이 '꿈은 이루어진다.' 라는 것이었어요."

나는 그 이야기를 들으면서, 또 그 아이의 밝은 미소를 보면서, 2002년 월드컵 당시에 그렇게 기뻐했던 우리 국민의 모습이 떠올랐습니다. '꿈은 이루어진다.' 는 한국 축구 팀이 세계 4강에 올랐을 때 나왔던 구호입니다. 온 국민에게 꿈을 주고 우리도 할 수 있다는 자신감을 주었던, 사건 중의 사건이었습니다. 하지만 그 아들에게는 월드컵 결승에 오르는 것보다 '아빠가 술을 끊은 사실' 이 더 중요하고 의미가 있었던 모양입니다. 아들의 꿈은 아빠가 더 유명한 사람이 되는 것도 아니고, 아빠가 돈을 더 벌어오는 것도 아니었습니다. 단지 가족의 평화를 위해 '술을 그만 마셨으면…….' 하는 바람, 그것이 자녀의 꿈이었습니다.

"남자란 하고 싶은 일을 마음대로 하는 것이 남자가 아니란다. 때로는 하고 싶더라도 사랑하는 사람을 위해서 참아야 할 때가 있는 법이란다. 더구나 내 욕망과 관련해서는, 또 좋지 않은 습관과 관련해선 단호히 결정을 내려야 할 때가 있단다. 나의 이기심을 포기할 줄 아는 남자가 진짜 남자란다."

우리는 언젠가 자녀들에게 이렇게 이야기해야 할 때가 있을지도 모릅니다. 아니 인생에 있어서 최소한 몇 번은 자녀에게 그런 이야기를 들려주어야 합니다.

이런 말을 자녀에게 할 수 있기 위해서는 우리가 먼저 모범을 보여야 합니다. 자녀가 진정 원하는 것이 무엇인지 알아야 합니다. 자녀가 싫어하거나 부끄러워하는 아빠의 모습이 있습니다. 자녀의 말이 정녕 옳다면, 아버지는 그런 악취미를 내려놓아야 합니다. 잘못된 습관을 바꿔야 합니다. 그것이 사랑입니다. 그때 자녀는 아빠를 사랑하고 존경할 것입니다. '그렇게 술을 좋아하시던 아빠가 나를 위해 술을 끊었다!'는 그 사실 하나만으로도 자녀는 감격할 것입니다.

그리고 먼 훗날, 그들이 또 비슷한 상황에서 결정을 내려야 할 때, 사랑하는 사람들을 위해 자신의 욕망을 내려놓는 결단을 할 수 있을 것입니다.

나보다 일을 더 사랑하는 아빠, 나보다 친구들을 더 좋아하는 아빠, 나보다 술을 더 사랑하는 아빠……. 그래서 자녀는 노여워하고, 아빠의 사랑을 얻기 위해 몸부림치고 있는지 모르겠습니다. "아빠, 날 좀 돌보아 주세요……." 이것이 그들의 외침입니다.

아버지학교에서 만난 한 아버지는 자신의 아버지는 환경 미화원이었다고 고백했습니다. 집은 가난했지만 늘 웃음이 있었고, 아버지는 늦게 들어오셔도 항상 자기를 무릎에 앉혀 놓고 "너는 이 다음에 훌륭한 사람이 되어라." 하고 격려해 주셨다는 것입니다.

매우 힘든 일을 하셨지만, 힘든 모습을 보이지 아니 하시고, 흐트러진 모습을 보이지 않으시고, 부끄러워하지도 않으시면서, 오로지 가족을 위해 최선을 다하시는 모습을 보며, 그는 꿈을 키웠다고 했습니다. 마침내 훌륭한 사회인으로 성장할 수 있었다고 말하면서 눈시울을 붉혔습니다.

자신도 사춘기를 지날 때, 많은 어려움이 있었다고 합니다. 하고 싶은 일도 많고, 유혹도 많았지만 아버지의 그 절제하는 모습을 생각하며 자신도 욕망을 절제할 수 있었고 사춘기의 위기와 유혹을 물리칠 수 있었다고 고백했습니다.

내 꿈을 위해 자녀의 꿈, 아내의 꿈을 짓밟아서는 안됩니다. 자녀의 꿈을 위해, 아내의 꿈을 위해 자신의 욕망을 포기할 수 있어야 합니다. 자신의 잘못된 습관과 관행을 내려놓아야 합니다. 그때 자녀는 더 크고 아름답고 위대한 꿈을 꿀 것이며, 그 꿈을 향해 힘차게 전진해 나갈 것입니다.

성공하는 사람보다 가치 있는 일을 하는 사람이 되는 것이 중요합니다. 일을 잘하는 것도 중요하지만, 더 중요한 것은 바른 일을 하는 것입니다. 가장 중요한 가치는 가정입니다. 가장 중요한 일은 가정을 세우는 일입니다.

아버지는 가정을 세우는 건축가입니다. 아버지는 매일 하루에 한

장씩 벽돌을 쌓고 있습니다. 그 벽돌 한 장이 자녀의 꿈을 짓밟는 돌이 될 수도 있고, 자녀의 꿈을 키우는 모퉁이 돌이 될 수도 있습니다.

아버지는 땅을 고르고 씨를 뿌리는 사람입니다. 어머니는 물을 줍니다. 하나님은 자라게 하여 꽃을 피우고 열매를 맺게 합니다. 아름다운 가정을 세우는 것은 창조 질서의 회복입니다. 행복한 가정을 만드는 것이 하나님을 사랑하는 길입니다. 행복한 가정 속에서 자녀들은 꿈나무로 자라날 것입니다. 자녀는 아버지의 꿈입니다. 아버지는 자녀의 꿈입니다.

phrase 눈물을 흘리며 씨를 뿌리는 자는 기쁨으로 거두리로다 울며 씨를 뿌리러 나가는 자는 정녕 기쁨으로 그 단을 가지고 돌아오리로다. 시편 126:5-6

prayer 자녀를 위해, 돕는 배필의 꿈을 위해 자신의 개인적 욕망을 내려놓을 수 있는 담대함을 주소서. 부모가 잘못된 습관과 관행을 갖고 있다면 자녀의 미래를 위해 고칠 수 있는 용기를 주소서.

행복을 보여 주는 만큼
자녀도 행복하다

"이 세상의 부모 마음, 다 같은 마음, 아들딸이 잘되라고, 행복하라고……."

열린 아버지학교에서 아버지들이 가장 힘차게 부르는 '아빠의 청춘'이라는 노래 가사 중 일부입니다. 대부분의 아버지는 이 노래를 부를 때 주먹을 불끈 쥡니다. 아버지의 자녀에 대한 바람, 아니 부모의 자녀에 대한 바람은 '아들딸이 행복한 것'입니다.

자녀의 부모에 대한 바람은 무엇일까요? 해외 단기 선교를 간 어느 고등학생이 아빠에게 보낸 편지는 이렇게 시작됩니다.

"아빠, 내가 아빠 엄마가 싸울 때 얼마나 울었는지 아세요? 전 두 분이 크게 싸울 때마다 가슴이 찢어지는 것 같았어요."

어느 아들은 아버지께 훈계하듯 편지를 보내기도 했습니다.

"아빠, 엄마하고 제발 행복하게 사세요. 이젠 그만 싸우세요. 엄마한테 좀 잘 대하실 수 없어요?"

정말 누가 아들인지, 누가 아버지인지 분간이 가지 않는 그런 순간이었습니다.

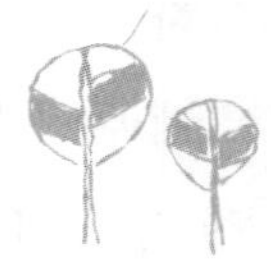

어느 여학생의 글 중에는 이런 내용도 있었습니다.

"아빠는 엄마를 아주 근사하게 대하신다. 그걸 보면서 나는 아빠, 엄마에게 사랑받는 아이라고 느꼈다."

얼마나 의미 있는 이야기입니까? 자녀들은 이렇게 이야기하고 있습니다.

"엄마 아빠, 맛있는 것 사 주시는 것도 좋고, 좋은 장난감 사 주시는 것도 좋고, 좋은 학교 보내 주시는 것도 좋지만 두 분이 행복해야 제가 행복해요. 두 분의 행복에 제 행복이 달려 있고, 두 분의 행복에 제 미래가 달려 있어요. 제발 두 분이 서로 사랑하고 존경하는 모습을 보여 주세요."

그렇습니다. 부모가 행복해야 자녀가 행복한 삶을 살 수가 있습니다. 부모는 가끔 이렇게 이야기합니다.

"엄마는 네 아빠를 잘못 만나서 이렇게 불행하게 살고 있지만, 넌 이 다음 결혼해서 잘 살아야 한다."

하지만 안타깝게도 현실은 그럴 가능성이 높지 않습니다. 엄마,

아빠가 행복한 모습을 보고 자란 자녀가 더 행복한 삶을 살 가능성이 높습니다.

자녀는 고성능 카메라를 가지고 태어납니다. 아빠 엄마가 서로를 대하는 태도와 아빠의 삶의 태도, 가치관, 말, 얼굴, 모습 등을 카메라에 담아 둡니다. 그 영상이 모여 자녀를 움직입니다. 그 영상에 의해 자아 개념이 형성되어 갑니다. 엄마, 아빠가 서로 사랑하고 존경하는 모습을 보고 자란 자녀는 소속감이 높습니다. 소속감이 높은 자녀가 사회성이 높은 사람으로 성장해 나갑니다. '나는 가족이라는 울타리 안에 속해 있다.'는 강한 유대감을 갖고 자랍니다. 엄마, 아빠가 서로 사랑하고 존경하는 모습을 보고 자란 자녀는 가치감이 높습니다. '나는 두 사람의 사랑 가운데, 축복 가운데 태어난 존재'라는 가치감을 갖게 됩니다. 가치감이 높은 아이들이 높은 도덕성을 갖고, 자기 욕망을 잘 절제할 수 있는 사람으로 성장합니다.

하지만 부모가 자주 다투는 모습을 보고 자란 자녀는 가치관의 혼돈을 갖게 됩니다. '도대체 저렇게 싸우면서 왜 결혼했을까? 아니 왜 나를 낳았을까? 혹 나 때문에 싸우는 것은 아닐까?' 그래서 그들은 가끔 부모에게 대들기도 합니다. "엄마, 그렇게 싸우시면서 왜 결혼하셨어요? 난 또 왜 낳으셨어요? 실수로 낳으셨어요?" 그들은 자신에 대한 가치감을 상실하게 되는 것입니다. 성 정체성에 혼돈을 갖기도 하고 심한 열등의식에 사로잡히기도 합니다.

건전한 인격을 형성하는 데 가장 중요한 기본 요소는 소속감, 가치감, 자신감입니다. 이것은 부모가 자녀에게 줄 수 있는 가장 값진 선물이기도 합니다. 이것이 자녀의 인격을 형성하는 기본 골격이 되기 때문입니다. 기본 골격이 갖춰지지 않은 상태에서 아무리 좋은 지식을 넣어 주더라도 그 인격은 바람이 불면 심하게 흔들리고 무너지고 맙니다. 기본 골격이 갖춰지지 않은 상태에서 아무리 교양을 쌓아도 결정적인 순간에 아이는 가족에게 본래의 모습을 드러내게 되어 있습니다. 그런 사람일수록 다른 사람한테 인정받기 위해 최선을 다 하지만 가족에겐 전혀 다른 모습을 보이는 이중적인 삶을 살아갑니다.

그리스도인의 정체성은 무엇입니까? 가난해도 병들었어도 지위가 낮아도 왜 세상을 당당하게 살아갈 수 있을까요? 아니 왜 그렇게 살아야만 할까요? 그것은 바로 소속감, 가치감, 자신감이 분명하기 때문입니다. 우리는 하나님의 자녀입니다. 하늘나라의 시민입니다. 보이는 세상을 바라보면서 사는 사람들이 아니라 보이지 않는 세계를 소망하며 이 세상을 살아가는 것입니다. 그래서 소속감이 분명합니다. 우리 같은 죄인을 위해서 예수님께서 십자가에 못 박혀 돌아가셨습니다. 우리에게 영생을 허락하시기 위해 독생자 예수님을 십자가에 못 박을 정도로 우리를 사랑하신 하나님, 우리가 그렇게 소중하고 가치 있는 존재라는 것입니다. 그래서 가치감이 분명합니다. 또 우리는 하나님이 주시는 능력 안에서는 무엇이든지 할 수 있습니다. 그래서 우리는 자신감이 분명합니다. 이것이 바로 그리스도인의 정체성입니다.

어렸을 때 부모의 사랑 가운데 소속감, 가치감, 자신감의 토대를 쌓아 올린 자녀는 사회생활을 하면서도 관계를 잘 맺고 신앙생활에 있어서도 기복이 심하지 않습니다. 하지만 부모가 늘 갈등하고 서로 무시하는 것을 보면서 자란 자녀들은 소속감, 가치감, 자신감의 굳건한 토대를 형성하지 못하고 자라기 때문에 사회생활을 하면서도 관계 속에서 어려움을 겪게 됩니다. 결혼 생활에서도 지나친 집착으로 인해 상대방을 어렵게 만들기도 합니다. 집착을 사랑이라고 주장합니다.

문제 자녀는 없고 문제 부모가 있을 뿐이라는 말을 하기도 합니다. 물론 훌륭한 부모 밑에서도 문제 자녀는 나옵니다. 누가 복음 15장에 나오는 '돌아온 탕자'의 비유가 그렇습니다.

그렇게 훌륭한 아버지, 아마 그분은 훌륭한 남편이기도 하셨을 것입니다. 하지만 그런 부모 밑에 자란 두 아들이 다 문제아였습니다. 하지만 결론은 그런 좋은 부모 밑에서 자란 자녀는 방황을 하더라도 결국은 자신이 가야할 길로 돌아온다는 것입니다. 그래서 성경은 부모가 하나되길 강조하고 있습니다. 부모가 서로 그리스도를 경외함으로 서로 복종하길 강조하고 있습니다. 서로 복종한다는 것은 서로를 존경한다는 의미입니다.

자녀가 행복해지길 원한다면 부모가 행복한 삶을 살아야 합니다. 행복한 척하는 것이 아닙니다. 서로의 존재 자체로서 행복한 즉, 네가 있어 내가 있고 내가 있어 네가 있는 우리의 세상. 그래서 행복하고 예수님이 우리 가정의 주인이기 때문에 그 행복이 흔들리지 않는다는 사실을 보여 주어야 합니다. 보이는 이 땅 위의 것을 많이 가져서가 아니라 그것이 없어도 분명한 그리스도인의 정체성 때문에 그리고 보이지 않은 세계에 대한 소망 때문에 행복한 모습을 보여 주어야 합니다. 그럴 때 자녀는 건강하게 자랍니다. 세상을 힘차게 살아갈 것입니다. 그리고 그들은 새로운 가문을 만들어가며 더욱 밝은 사회를 만들어 갈 것입니다.

phrase 하지만 너희도 각각 자기의 아내 사랑하기를 자기와 같이 하고 아내도 그 남편을 경외하라. 에베소서 5:33

prayer 부부의 사랑하는 모습 속에서 우리 자녀가 소속감, 가치감, 자신감을 얻을 수 있기를 소망합니다.

헤어질 땐 헤어지더라도 아낌없이 사랑하라

자녀는 성장합니다. 떠나기 전에 충분히 사랑하십시오.

자녀들의 발달 단계에 관심을 가지라 사춘기와 사추기를 극복하라 가정에서 성을 교육하라

훈계보다 먼저 그 길을 가라 자녀양육 10계명을 선포하라 자녀를 키운다는 것, 그 기쁨을 기억하라

자녀들의 **발달** 단계에 관심을 가지라

독일 출신의 미국의 저명한 정신분석학자 에릭 에릭슨은 인간 발달을 8단계로 나누고 단계별 과제를 설정했습니다.

 **강의노트** 에릭슨의 인간 발달 8단계

1단계: 출생부터 1.5세까지

기본 신뢰를 쌓는 시기입니다. 기본 신뢰가 쌓이지 않을 경우 자녀는 기본 불신을 가집니다. 기본 불신을 가지면 불안, 부정적, 방어적인 인간으로 성장한다고 합니다.

2단계: 1.5세부터 3세까지

자율성을 얻는 시기입니다. 자율성을 얻지 못할 경우 자녀는 수치심을 갖습니다.

3단계: 3세부터 6세까지

주도성과 창의성을 쌓는 시기입니다. 이것을 얻지 못할 경우에는 죄책감과 죄의식을 갖게 됩니다.

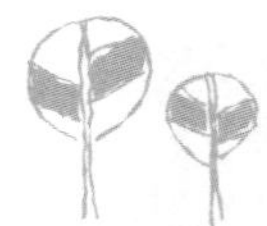

자녀 양육은 단계마다 발달시켜야 할 과제가 있고, 자녀는 그 과제를 발달시키면서 성장해 나아갑니다. 학자마다 다르지만 가장 중요한 시기는 보통 3세까지라고 합니다. 그런데 이 유아기의 단계에서 일어나는 현상은 청소년기에 일어나는 현상과 매우 비슷하며, 이 유아기의 발달 과제가 사춘기의 인격 형성에 큰 영향을 미친다고 합니다.

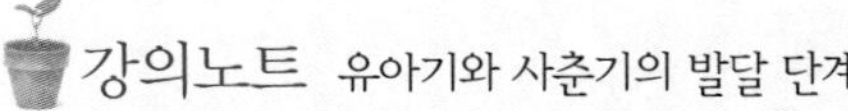 **강의노트** 유아기와 사춘기의 발달 단계

유아의 나이 단계	청소년의 나이 단계
0-3개월 자폐기	비슷한 나이 없음
3-5개월 어머니와 일치	3-10세 가족과의 일치
5-10개월 구별기	11-12세 청소년 이전기
10-16개월 연습기	13-14세 청소년기 초기
16-24개월 재접근기	15-17세 청소년기 중기
24-36개월 통합기	18-21세 청소년기 후기

《변화와 가능성 앞에 선 십대 자녀 교육》(브루스 내러모어, 번 루이스 공저)

출생부터 5개월까지는 은혜의 시기입니다. 이 시기 동안 아기는 전적으로 어머니를 의존하며 어머니와 자신의 몸을 구별할 수 없습니다. 어머니와 감정적, 신체적 일치감을 가지고 살아갑니다. 이 시기에 아기는 어머니가 긴장하면 함께 긴장하고 어머니가 화나 있을 경우 불쾌감을 경험한다고 합니다. 이때 어머니가 속삭이거나 눈을 마주치는 것은 유아들을 평온하게 만드는 영향력을 가지고 있습니다. 어머니와 애착 속에서 아기들은 신뢰감과 안정감을 얻는 것입니다.

일생의 처음 몇 달 동안 체험한 애착의 질에 따라 청소년기와 성인기의 인격이 형성된다고 합니다. 행복한 어머니에게 충분히 애착을 느끼며 자란 유아들은 좋은 출발을 하고, 다른 사람들과 편안하고 서로 신뢰하는 의미 있는 관계를 맺을 가능성이 큽니다. 감정적인 친밀감을 위한 기초 즉, 신뢰와 안정감을 갖고 있기 때문입니다. 이렇게 자란 아이들은 후일 심각한 문제에 빠지거나 가정의 파괴를 경험하게 된다하더라도 잘 대처합니다.

처음 몇 달 동안 어머니와 안전하게 애착을 느끼지 못한 유아들은 이후의 삶에서 친밀한 관계를 맺는 데 어려움을 겪을 가능성이 큽니다. 그들은 친밀한 관계를 거부하고 섹스 상대자에게 끊임없이 사랑을 추구합니다. 몇 차례의 혼란스러운 결혼을 거치거나 진정한 친밀감이 결여된 친밀한 행동에 속아 넘어갈 수 있다고 합니다. 또 반사회적이 되기도 합니다. 내적인 공허감을 채우기 위해 어떤 사람에게 매달리기도 합니다. 감정적으로 동화될 수 있는 누군가를 끊임없이 찾아다닙니다. 일단 누군가를 찾으면 상대방에게 지나치게 달라붙고 많은 것을 요구하고 숨 막히게 만들어 결국 그 상대는 겁이 나서 달아나고 맙니다.

구별기개체성 5-10개월에 들어서면 아이들은 행복한 일체감을 경험한 다음 어머니를 떠나는 과정을 시작합니다. 자신은 어머니와 다르다는 것을 느끼고 어머니를 보고 웃기도 하며 어머니를 밀쳐 내면서 그들이 원하는 것이 있는 방향으로 움직이거나 이동을 시작합니다.

연습기 10-16개월, 청소년 초기에 들어서면 걷기 시작하는데, 그러면서 공격성을 지니고 독립하려고 합니다. 아장아장 걸어가다가 어머니와 멀리 떨어지면, 아이들은 흥분을 느끼지만 곧 되돌아옵니다. 아기들은 독립성을 강조하기 위해 모든 것을 소유하려고 합니다. '내 것'을 강조합니다. 어머니가 없는 경우, 겁을 먹거나 외로움을 느끼거나 의기소침해질 수 있습니다. 청소년들은 스스로를 환경과 구별하고, 독립된 인격체로 생각합니다. 그래서 어른스러운 행동을 하거나 담배를 피우기도 합니다.

재접근기16-24개월, 청소년 중기에 들어서면 더 오래 혼자 놀기 시작합니다. 스스로 혼자 더 많은 일을 하고, 종종 처음으로 "싫어!" 하는 말을 하기 시작합니다. 독립심과 의존의 필요성이 공존하는 시기이므로 감정적인 연료를 채우기 위해 다시 돌아옵니다. 하지만 엄마가 없을 때, 크게 실망합니다. 청소년들은 더욱 독립적인 것을 추구하기 위해 아르바이트를 시작하고, 운전에 관심을 갖습니다. 또 데이트를 시작하는 시기입니다.

통합기 2-3세, 청소년 후기에는 성격이 안정되기 시작합니다. 덜 불안해하고, 감정이 더 안정되어 가며, 어머니가 있든 없든 혼자 또는 친구들과 노는 데 만족을 합니다. 대상 항상성이 형성이 되어 어머니가 사라져도 아주 없어지는 것이 아니라는 것을 믿습니다.

유아기에 가장 중요한 환경은 어머니입니다. 하지만 어머니에게 있어서 가장 중요한 환경은 아버지입니다. 따라서 자녀에게 어

머니와 일체감을 심어 주는 것은 더 없이 중요하며, 변함없는 사랑
의 공급이 필요합니다. 아이들에게 치명적인 부모는 변덕스러우며,
지나치게 많이 해 주거나 소홀한 부모입니다. 자녀의 발달 과정을
알고 그 자녀의 필요를 채워 주고 양육하는 것이 가장 중요합
니다.

phrase 예수께서 한가지로 내려가사 나사렛에 이르러 순종하여 받드
시더라 그 모친은 이 모든 말을 마음에 두니라 예수는 그 지혜와 그
키가 자라가며 하나님과 사람에게 더 사랑스러워 가시더라.
누가복음 2:51-52

prayer 우리의 자녀가 키가 커 가면서 하나님을 아는 지식과 지혜가
더해 가게 하시고, 하나님과 사람에게 사랑받는 자녀가 되게 하소서.

사춘기와 사추기를 극복하라

인생에 있어서 가장 어려운 두 시기를 들라면 사춘기와 사추기를 들 수 있습니다. 정체성 문제가 강하게 대두되는 때가 사춘기와 사추기이기 때문입니다. 자녀가 사춘기를 지날 때 부모, 특히 아버지는 사추기를 지납니다. 그래서 자녀와 부모의 관계가 어려워질 수 있고 가정은 위기에 직면할 수도 있습니다.

사춘기에 들어간 자녀들은 스스로 분명한 정체성을 발전시키고, 독특성과 개체성에 대한 의식을 발전시켜야 한다. 아동기의 부모를 의존하는 태도에서 점진적으로 스스로를 독립시켜야 한다. 친구들, 또는 가족 외부의 다른 사람들과 의미 있는 관계를 발전시켜야 한다. 성적인 정체성을 구체화하고, 이성과 좋은 관계를 맺는 능력을 발전시켜야 한다. 직업, 경제적인 독립, 그리고 그 밖의 성인으로서의 책임들에 대비할 수 있는 자신감과 기술들을 획득해야 한다. 신앙과 가치관, 인생에 대한 기본적인 태도를 형성해야 한다.

《변화와 가능성 앞에 선 십대 자녀 교육》(브루스 내러모어, 번 루이스 공저)

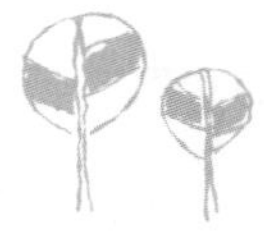

사춘기에 들어선 자녀들은 부모의 요구에 부정적이거나 반항하는 태도를 보임으로써, 자신이 더 이상 어린아이가 아님을 나타내려고 시위를 합니다. 독립을 선언하는 것입니다. 자신의 정체성을 세우기 위해 이렇게 외칩니다.

"난 누구누구의 아들, 딸이 아니라 '나' 일 뿐이에요!"

"싫어요, 아니요!"

"공부를 못해도 내가 못하는 거니까 엄마는 신경 끄세요! 내가 알아서 해요!"

말 잘 듣던 자녀가 대들기도 하고 또는 부모를 무시하는 태도를 보이기도 합니다. 이것은 이제 자신을 성인으로 대해 달라는 무언의 시위입니다. 말하자면 독립 선언을 하는 셈입니다.

하지만 이때 부모가 발달 과정의 주제를 알지 못하고 단순한 반항이라고 생각해서 "이런 버르장머리 없는 놈 같으니라고! 풀어 놓았더니 안되겠구나." 하며 아이를 더욱 압박하거나 간섭하면 자녀는 더욱 반항합니다. 또는 "애가 못된 친구들을 사귀고 있나?" 걱정이

되어서 친구를 조사하거나 일기장을 읽어 본다거나 하면 사태는 걷
잡을 수 없이 악화됩니다. 독립 선언이라는 점을 기억해야 합니다.

사춘기 자녀와의 싸움 역시 바로 독립 전쟁입니다. 아주 치열합
니다.

"내가 그렇게 잘해 주었는데, 이 자식이 뭐가 부족해서 이러나?"

부모의 입장으로 보면 이런 마음이 들 때가 있습니다. 하지만 자
녀들의 심정은 이렇습니다.

"나도 나의 길을 가련다."

물론 그들은 완전한 성인은 아닙니다. 몸은 갑작스럽게 커져서
어른인데, 아직 사고의 수준은 아이입니다. 물론 자신은 절대로 그
렇게 생각하지 않습니다. 부모의 눈으로 보면 그렇다는 것입니다.

하지만 부모들은 이랬다저랬다 합니다.

"다 큰 녀석이 그 모양이냐?"

"덩치는 큰 녀석이 그래서 되겠어?"

이렇게 말하다가도 상황에 따라 말을 바꾸어 자녀를 혼내기도 합
니다.

"머리에 피도 안 마른 녀석이, 야 임마 네가 뭘 알아. 어린 녀석
이!"

자녀들이 어른 대접을 받고 싶을 때는 어린아이라고 밀어 내고,
또 어린아이로 대접을 받고 싶을 때는 다 큰 녀석이라며 야단을 치
며 밀어 냅니다. 그래서 자녀는 더욱 더 정체성의 혼돈 속에 빠지는

것입니다. 이때 청소년들은 정체성을 확인하면서 엄청난 에너지가 소모가 됩니다.

특별히 한국의 아이들은 '공부를 잘해야 한다.'는 강박관념 속에서 더욱 어려움을 겪습니다. 공부를 잘하면 웬만큼 잘못하는 것도 다 용서받고 공부 못하면 다른 것은 다 잘해도 용납받지 못하는 것이 현실입니다. 이런 잘못된 가치구조 속에서 사춘기를 지나는 자녀들은 심한 혼돈 속에 빠지고 좌절을 느끼는 것입니다.

자녀에겐 울타리가 필요합니다. 울타리가 없는 자녀들은 그대로 뛰쳐나가서 엉뚱한 울타리를 찾아 헤매기 시작합니다. 술과 마약, 잘못된 성에 빠지거나 폭력 서클에 가입하기도 합니다.

더구나 이때는 호르몬의 갑작스러운 증가로 인해 성에 대한 호기심이 늘어날 때입니다. 어쩌면 온 신경이 그 방향으로 쏠리고 있을 때일지도 모릅니다. 이성에 대한 호기심과 '난 저런 애가 좋아! 쟤도 날 좋아하고 있을까?' 하는 생각과 생리적인 변화에 당황하는 시기입니다.

그러면서 외모에 많은 신경을 쓰는 시기입니다. 자신의 훌쩍 자라난 모습을 자랑스러워하면서도 소위 요즘 말하는 얼짱, 몸짱들과 비교하면서 열등감을 갖기도 합니다.

"난 왜 키가 작을까?"

"난 왜 눈에 쌍꺼풀이 없을까?"

"난 엄마 닮아서 이렇게 키가 작은가 봐!"

그래서 가끔은 볼멘 목소리로 불평하기도 합니다. 그럴 때 어머니들은 다그치기만 합니다.

"야 ! 공부만 잘해 봐라! 이 다음에 여자들이 줄을 선다. 공부나 해, 쓸데없는 데 관심 쓰지 말고!"

이 말에 자녀는 또 깊은 좌절을 경험합니다.

사춘기에 들어서면서 여자는 월경을 시작하고, 남자는 몽정이라는 것을 경험하면서 성에 대한 관심이 더욱 높아집니다. 이때 많은 자녀가 자위를 경험합니다. 요즈음 같이 성 문화에 완전 노출되어 있는 시기에 자녀들은 엄청난 성적 혼돈을 경험할 수밖에 없습니다. 인터넷에 떠 있는 포르노 영상에 쉽게 빠져듭니다. 그들은 성적 호기심에 눌려 자신도 모르게 성문화 깊숙이 쉽게 빠져 들어가는 것입니다.

이때 부모의 건전한 성교육이 필요한 시기입니다. 월경을 경험했을 때, 딸을 위해 성인식을 해 주는 부모들을 보았습니다. 아주 좋은 아이디어입니다. 성인 의식과 아울러 함께 순결 의식을 거행하는 것은 더욱 좋은 것 같습니다. 아들들에게 성인식을 해 주는 것도 매우 중요합니다. 사람마다 그 시기를 다르게 이야기하지만, 대개는 몽정을 경험할 때쯤의 시기이거나 조금 늦추면 고등학교를 졸업하는 시기에 성인식과 아울러 순결 의식을 해 주는 것이 좋습니다. 성인식의 의미는 이젠 부모가 너를 한 사람의 성인으로 대하겠다는 약속이며, 자녀들은 이제 한 사람의 숙녀로서 한 사람의 기사로서 자신을 책임지며 가족과 사회 앞에서 당당히 살아가겠다는 다짐이기도 합니다. 보통 사춘기를 전기, 중기, 후기로 나눠서 설명을 하지만 한국적 현실은 워낙 입시에 눌려 있어 이 모든 과정이 대학 입학 직후에 오기도 합니다.

사춘기의 자녀에겐 격려와 지원과 관심이 필요합니다. 엄청난 에너지를 소모하고 있는 자녀를 위해 좋은 음식을 장만해 주고, 영적으로 정서적으로 그들을 돌보아 줄 사람이 필요합니다.

자녀는 감정과 몸을 통제할 수 없는 상태 속에서 똑같은 실수를 반복하면서 자신에 대한 혐오감과 열등감에 싸여 자신을 학대할 수 있는 시기입니다. 부모에게 대드는 자신을 보면서 더욱 비참함을 느끼고, 미안해 하면서도 부모로부터 또 사회로부터 무시당할 때 더욱 반항하는 시기입니다. 운동, 자원 봉사 활동, 영적인 헌신 그리고 부모님과 함께하는 여행을 통해 자신의 삶을 돌볼 수 있는 시간을 갖게 해 주어야 합니다. 사춘기는 인생을 풍부하게 만드는 자양분을 얻는 소중한 시기입니다.

부모의 사랑, 특별히 아버지의 사랑이 절대적으로 필요한 시기이며 그런 아버지가 없을 때 멘토 역할을 해 주실 수 있는 대리 아버지가 필요합니다. 완벽한 척하는 부모보다 동일한 죄인으로서 삶을 함께 나누는 친구 같은 부모가 필요한 시기입니다. 권위가 아닌 하나님의 사랑으로 자녀를 돌보아야 합니다. 그래서 이 시기에는 부모가 하나 된 모습을 보여야 합니다.

사추기의 부모, 특별히 아버지는 자신의 성취, 사회의 성공 여부를 가지고 자신의 정체성을 확인하려 합니다. 주위의 잘 나가는 친구들, 직장 동료들을 보면서 자신이 한 없이 초라해짐을 느끼며 심한 열등감에 빠지는 시기입니다. '내 인생이 어쩌다 이렇게 되었을까?' 하는 자조적인 질문을 던지는 시기입니다. 조기 퇴임, 명예 퇴직 등 사회적으로도 어렵고 건강도 예전과 다름을 느끼며 당혹해 하는 시기입니다. 그래서 방황합니다. 아내의 한마디에 삐치기도 하는, 아주 마음이 약해질 대로 약해져 있습니다. 툭 치면 와르르 깨어질 그런 그릇입니다. 그래서 더 강한 척해야 하는 그런 시기입니다. 영적으로도 흔들리기 쉬운 시기입니다. '하나님이 정말 계신 걸까?' 하는 질문이 끊임없이 자신을 괴롭히기도 합니다.

논어에서는 나이 마흔을 불혹지년이라고 했지만, 사추기의 아버지들은 미혹의 시기를 지나고 있습니다. 그래서 부부 관계도 부자 관계도 어려워질 수 있습니다. 이때 필요한 분이 바로 어머니입니다. 어머니의 사랑, 모성애 바로 그것이 해답입니다.

유대인 속담에 "하나님도 도처에 계실 수 없어 만들어 주신 분이 어머니다."라는 말이 있다고 합니다. 어머니의 품는 사랑, 어머니의 따뜻한 격려와 칭찬이 사춘기를 지나는 자녀와 사추기를 지나는 아버지에게 절대적으로 필요합니다. 사춘기를 지나는 딸과 가끔 아주 우아한 방법으로 데이트를 하고, 사춘기를 지나는 아들에겐 아버지의 고민을 슬쩍 이야기하고 아들의 의견을 물어보는 것도 아주 좋은 방법입니다.

부모가 하나님과 더욱 깊은 교제를 가져야 할 시기입니다. 부부 사이의 심한 갈등, 특별히 아버지의 방황은 자녀에게 깊은 상처를 줄 수 있습니다.

phrase 여호와는 나의 목자시니 내가 부족함이 없으리로다 그가 나를 푸른 초장에 누이시며 쉴만한 물가로 인도하시는도다 내 영혼을 소생시키시고 자기 이름을 위하여 의의 길로 인도하시는도다 내가 사망의 음침한 골짜기로 다닐지라도 해를 두려워하지 않을 것은 주께서 나와 함께하심이라 주의 지팡이와 막대기가 나를 안위하시나이다 주께서 내 원수의 목전에서 내게 상을 베푸시고 기름으로 내 머리에 바르셨으니 내 잔이 넘치나이다 나의 평생에 선하심과 인자하심이 정녕 나를 따르리니 내가 여호와의 집에 영원히 거하리로다 시편 23

prayer 사춘기를 지나는 자녀가 부모의 돌봄과 인도 가운데 자신의 정체성을 확립하고, 하나님이 주신 비전을 받아 꿈을 세우는 청년기로 갈 수 있도록 인도해 주소서. 사춘기를 맞은 아버지가 방황하지 않고 한 가정의 머리로서 정체성과 자신감을 가질 수 있기를 소망합니다.

가정에서 성을 교육하라

어느 아버지가 아버지학교를 수료한 다음, 아들에게 성에 대한 교육을 시켜야 한다는 이야기를 듣고 고등학생인 아들에게 아주 어렵게 성에 관한 이야기를 꺼냈습니다.

"애, 너 성에 대해서 아니?"

"그럼요, 다 알아요! 아니, 알 만한 건 다 알아요."

"……!!"

《사랑의 환상, 결혼의 딜레마》의 저자인 솔 고든은 "십대들에게 있어서 성은 건전한 모험이다. 동시에 십대들은 성적으로 상처받기 쉽다."고 말하고 있습니다.

갑자기 화장을 하기 시작하고 이성을 의식하기 시작합니다. 옷 모양, 머리 모양 등을 바꾸고 이성에 대한 호기심을 갖고 좋아하는 이성과 데이트를 하기를 원합니다. 육체적 매력과 성적 관심이 워낙 강한 때이므로 자칫 잘못하면 여러 가지 신체적 접촉이 일어날 수 있습니다. 이로 인해 너무 빨리 신체적, 감정적 친밀감에 빠져들거나 심각한 실수를 범할 수도 있습니다. 두려움과 호기심, 그리고 절제되지 않는 감정과 성에 대한 그릇된 생각 등으로 자칫 큰 위험에 처할 수도 있는 시기가 바로 사춘기입니다. 사춘기 자녀의 성은 이렇게 복잡하고 민감한 것입니다.

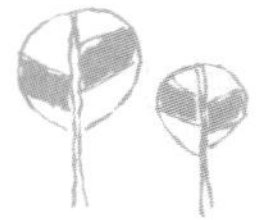

자녀의 성은 가정에서 시작됩니다. 자라면서 엄마와 아빠와 자신을 동일시하면서 자신의 성 정체성을 찾아 갑니다. 그것을 동일시 현상이라고 합니다. 자녀들은 서너 살 때, 자신과 타인을 향한 태도를 발전시키며, 남자나 여자가 되는 것이 무엇을 의미하는지 배우기 위해서 자신과 동성인 부모를 보기 시작합니다.

보통 아들은 아버지처럼 되기를 원하고, 딸은 엄마처럼 되기를 바랍니다.

아들은 "나도 이 다음에 커서 아빠처럼 될 거야!"라고 외칩니다. 그래서 사춘기를 지나는 아들에게는 아버지의 인정이 필요합니다. 공부나 일상생활에서 아버지의 칭찬과 격려가 필요합니다. 하지만 또 자신의 '남자다움'에 대한 어머니의 칭찬과 격려도 필요합니다. 자녀들이 외모를 꾸밀 때, "야, 너 머리가 그게 뭐냐 계집애처럼. 그런 것 신경 쓸 시간 있으면 단어나 하나 더 외워라!" 하고 몰아붙이면, 아들은 큰 상처를 받습니다.

딸의 경우는 어머니의 도움이 필요합니다. 딸이 어떤 모임에 참여하거나 무슨 활동을 할 때 적극적으로 도와주어야 합니다. 이때 어머니는 도와주고 아버지는 "너 참 멋있다. 내 딸이 정말 이렇게 예쁜 줄 몰랐는걸! 이렇게 예쁜 숙녀가 됐구나. 아빠가 데이트 한 번 신청하고 싶은데……." 하고 딸의 '여성다움'을 칭찬하는 말을 꼭 해 줘야 합니다. 이런 과정을 통해서, 자녀는 건강하게 자신의 성 정체성을 확인할 수 있기 때문입니다.

딸애가 외모를 꾸밀 때 "너, 학생이 그게 무슨 꼴이냐!" 하고 야단을 치면 곤란합니다. 어떤 아버지는 딸이 화장을 한 것을 보고, "네 꼴이 술집 여자지, 학생이냐?" 하고 말했다고 합니다. 그 딸은 얼마나 큰 상처를 받았을까요? 도저히 지워지지 않을 상처를 입었을 것입니다. 그리고 그 딸은 아버지를 미워하면서, 아버지가 보지 않는 곳에서 화장을 할 것입니다. 그러다가 나중에는 정체성의 혼돈 속으로 빠져 들어갑니다.

아들과 딸이 본격적으로 성장하면서 여자 아이들은 생리를 시작하고, 남자 아이들은 몽정을 시작합니다. 그러면서 뚜렷한 성징들이 나타나기 시작합니다. 딸이 생리를 시작하면 엄마, 아빠가 축하해 주는 것도 매우 의미 있는 일입니다. 조금은 두려워하는 딸에게 엄마가 생리에 관한 설명을 해 주고, 엄마와 아빠가 모여 함께 축하해 주는 일종의 성인식을 갖는 것은 매우 중요합니다. 그리고 순결에 대한 이야기를 해 주는 것이 좋습니다. 그리고 그 이후, 딸을 한 사람의 숙녀로 대우해 주어야 합니다. 딸에 대한 말씨도 조심하고 한 사람의 성인으로 대해 주는 것입니다. 물론 부모로서 훈계나 권면을 포기하라는 것이 아닙니다. 딸을 대하는 태도를 바꾸라는 것입니다. 이제부터는 성숙한 자녀로 인정해 주고 친구 같은 관계를 만들라는 것입니다.

아들이 몽정을 시작했다는 것을 알면 아버지는 좋은 시간을 잡아 아들과 성에 대한 이야기를 나누어야 합니다. 몽정은 지극히 정상적으로 성장하고 있는 증거라는 것을 이야기해 주어야 합니다. 그리고 이제 곧 성적인 관심이 증가해서 더 어렵고 난처한 일들이 일어날 수 있음을 이야기해 주는 것도 필요합니다. 남자 아이들은 점점 더 성적으로 관심을 갖게 되고 에로틱한 꿈을 꿉니다. 순간적인 충동으로 발기하고 음경의 감각이 점점 더 민감해져 자위행위를 시작합니다.

한국의 통계는 잘 알 수 없으나, 미국의 경우 10대 남자 중 95%, 여자 중 50%가 자위행위를 한다고 합니다. 더구나 요즘은 인터넷

기술이 발전하면서 인터넷을 통해 선정적인 영상물이 우리 자녀에게 무차별한 성적 공격을 하고 있습니다. 자녀들은 완전히 성적인 유혹에 노출되어 있습니다.

보통 전통적인 가정에서는 성에 대한 이야기는 금기시되어 있습니다. 하지만 성은 가정에서 배워야 합니다. 어렸을 때부터 성교육이 절실히 필요한 것입니다. 부모님에게서 성교육을 받지 않으면 자녀들은 잡지, 텔레비전, 비디오, 특히 인터넷 등의 대중매체를 통해서 잘못된 성을 배우는 것입니다. 주로 감각적이고 쾌락 지향적인 성을 배우며, 성에 대한 그릇된 환상을 갖습니다. 그런 대중매체를 통해서 자녀들은 알 것은 다 알아간다고 이야기하는 것입니다. 그래서 아버지가 아들에게 성에 대한 이야기를 꺼냈을 때 "아버지, 뭘 알고 싶으세요?" 라고 되묻는 웃지 못할 일이 흔히 벌어지는 것입니다. 자녀가 어렸을 때부터 성에 대한 교육을 단계별로 시키는 것이 좋습니다.

요즘은 인터넷 사이트에 자녀를 위한 성에 대한 교육 자료가 많이 나와 있습니다. 부모가 그런 자료를 참고하여 자녀를 교육하는 것도 많은 도움이 됩니다. 또 성과 관련된 좋은 비디오를 선택하여 보여 주는 것도 좋습니다. 하지만 부모님이 직접 설명해 주는 것이 제일 좋습니다.

'성' 하면 대부분의 사람들은 생물학적 성에 대해서만 이야기합

니다. 하지만 생물학적 성에 대해서 알기 이전에 먼저 '사회적 성'
과 '심리학적 성'에 대해서 알아야 합니다. 생물학적 지식보다 도덕
적이고 영적인 가치관에 입각한 성이 더 기본적이고 중요하다는 사
실을 알아야 하는 것입니다. 다시 말하면, 남녀 사이의 관계와 남녀
의 차이 등에 대한 기본적인 지식을 가르쳐 주는 것이 필요하며, 무
엇보다 도덕적이고 영적인 가치관을 심어 주는 것이 가장 중요하다
는 것입니다.

자녀에게 교육할 때는 솔직하고 개방적이어야 합니다. 잘 모를
경우에는 "야, 뭐 그런 걸 물어보냐? 크면 다 안다."고 일축하지 말
고, "내가 잘 모르겠으니 책을 보고 좀 더 공부한 다음에 설명해 주
마." 하고 이야기해야 합니다. 그리고 사안에 따라서는 "너는 어떻
게 생각하니?" 또는 "참 좋은 질문을 했는데, 왜 그걸 알고 싶지?"
하고 물어보는 것도 필요합니다. 자녀의 생각을 듣고 자신의 정확하
고 분명한 의견을 들려주는 것이 필요합니다.

 **강의노트** 자녀 성교육 7계명

1. 성인식을 치러 주라.
2. 아들은 아빠가, 딸은 엄마가 성교육하라.
3. 가르치려 들지 말고 성경적인 관점에서 자신의 체험담을 전하라.
4. 솔직하고 개방적으로 대화하라.

5. 생물학적 성뿐만 아니라 영적, 사회적, 심리학적 성에 대해 말
   하라.
6. 자녀가 인터넷 등 지나치게 성 문제에 집착해 있을 경우 운동
   같은 외부 활동을 유도하라.
7. 인격적으로 사랑하고 배려하는 부부 사랑의 모습이 가장 좋은
   성교육임을 잊지 말라.

중요한 것은 성에 대한 자세한 지식이 아니라 부모의 태도입니다. 특별히 도덕적이고 영적인 가치관을 심어줄 때는 더욱 단호하게, 하지만 부드럽게 말해야 합니다. 사춘기를 지나는 자녀는 부모에게 설교를 듣기를 원하지 않습니다. 그 대신 자녀가 필요한 것은 성경적인 관점과 부모의 체험과 확신에서 나오는 통찰입니다. 아버지는 아들에게, 어머니는 딸에게 그런 지혜를 자연스럽게 설명을 해 주어야 합니다.

부부가 서로 사랑하는 모습, 즉 포옹하는 모습 등을 보여 주는 것은 자녀의 안정감에 중요한 요소입니다. 하지만 침실에서의 행위는 자녀에게 공개되어서는 안됩니다. 큰 충격을 줄 수 있습니다. 자녀의 방에 들어갈 때는 반드시 노크를 하고 들어가는 습관을 가지도록 해야 합니다. 자위행위 등 이상한 행동을 하는 것을 발견했을 때에도 자녀가 수치감을 느끼지 않도록 슬기롭게 대처해야 합니다.

그럴 때는 자녀들이 건강한 취미 활동을 할 수 있는 기회를 만들

어 주고, 컴퓨터는 처음부터 거실이든지 마루에서 온 가족이 함께 사용하는 것으로 하는 것이 좋습니다. 물론 개인용 컴퓨터를 사 주시되 마루에서 할 수 있도록 하라는 것입니다. 아버지도 공개적으로 컴퓨터를 하고 자녀들도 공개적으로 컴퓨터를 하는 것, 그것이 공평하고 서로에게 솔직한 것입니다. 만일 컴퓨터를 마루나 거실에 함께 설치할 수 있는 형편이 되지 않을 경우에는 컴퓨터를 할 때라든가 텔레비전을 시청할 때는 모두가 문을 열어 놓고 하는 법칙을 만드는 것도 좋습니다.

하지만 일정한 시기, 예를 들자면 대학 입학 후라든가 특정한 시기가 되면 자기 방으로 옮겨서 컴퓨터 작업을 할 수 있도록 배려해 주어야 합니다. 성인으로서의 책임을 지는 길을 가도록 기회를 열어 주는 것입니다. 성은 아름답고 자연스러운 것입니다. 아름답고 자연스러운 성을 가르쳐 주는 곳은 바로 가정이어야 합니다.

phrase 마땅히 행할 길을 아이에게 가르치라 그리하면 늙어도 그것을 떠나지 아니하리라.　잠언 22:6
또 아비들아 너희 자녀를 노엽게 하지 말고 오직 주의 교양과 훈계로 양육하라.　에베소서 6:4

prayer 부모가 자녀에게 올바른 성에 대해 교육할 수 있기를 소망합니다. 성을 부끄러운 것으로 덮어 두지 아니하는 담대함을 주시고 아이들의 민감한 성 정체성을 바르게 세워 줄 수 있는 지식과 지혜를 주소서.

훈계보다 먼저 그 길을 가라

"장로님, 우리 아이가 대학에 들어가더니 교회를 멀리하네요. 어쩌면 좋지요? 고등학교 때만 해도 주일 성수도 잘하고 그랬던 아이인데……. 왜 그런지 모르겠어요. 이럴 줄 알았으면 미션 스쿨로 가게 하는 건데……."

이런 이야기를 자주 듣습니다. 과연 그 자녀를 기독교 계통의 대학으로 보낸다고 해서 그 자녀가 계속 신앙을 키워갈 수 있을까요? 그 대답은 매우 회의적입니다.

하지만 자녀가 대학생이 되어 신앙을 버리는 근본적인 이유는 부모와의 관계, 특별히 아버지와의 관계에 있습니다.

10대의 청소년들은 자신의 정체성을 찾아 방황하기 시작합니다. 그들은 "나는 누구일까?" "인생의 의미는 무엇일까?"라는 질문을 하기 시작합니다. 특별히 요즈음처럼 가치관이 혼돈하고, 변화가 급격한 시대에 사는 청소년들은 삶의 의미와 목표를 발견하기가 어렵습니다. 또 부모님들이 그들의 삶에 지침이 될 만한 도덕적 혹은 윤

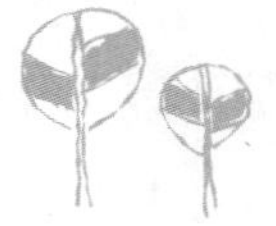

리적 기준을 제시해 주지 않기 때문에 실제로 삶의 현장 속에서 심한 혼동 가운데 빠져 있습니다.

그들은 "뭔가 붙들 만한 것" "높은 수준의 삶" "나를 인도해 줄 수 있는 어떤 기준" 같은 것들을 원하고 있습니다. 한마디로 하면 어떤 모델을 원한다는 것입니다. 자녀는 부모에게, 특별히 아버지로부터 이런 것들을 경험하길 원한다는 것입니다. 부모에게 이런 것들을 경험하지 못한 청소년은 대중문화 속에 깊이 빠져 들어가기도 하며, 대중매체나 또래 집단의 유혹 속에 깊이 빠져 들어가기도 합니다.

자녀는 부모에게서 자신의 필요를 찾기를 원합니다. 이 경우 두 가지의 문제가 대두됩니다. 첫째는 부모 자신이 초월적인 목적이나 가치관을 지니고 있느냐는 문제이며, 둘째는 자녀들이 부모가 가지고 있는 그 가치관을 받아들이고 그것을 내재화하여 자신의 것으로 만들 수 있느냐 하는 문제입니다.

칼 막스의 아버지는 유대교의 경건주의자였다고 합니다. 칼 막스도 아버지를 따라 유대교를 믿는 경건한 자녀였습니다. 하지만 칼 막스의 아버지는 한 작은 마을로 이사 한 다음, 집에 돌아와 폭탄선언을 합니다.

"신앙을 바꿔야 하겠다. 루터교로 개종을 하자. 이곳에서는 루터교를 믿지 않고는 사업을 할 수가 없다!"

감수성이 예민한 칼 막스에게 이것은 충격적인 사건이었습니다.

'그럼 그동안 믿던 하나님은 누구일까? 과연 종교란 무엇일까?

그는 결국 감수성이 예민한 이 시기에 받았던 충격 때문에 결국 대학에 들어가서도 좌파적인 청년 헤겔파에 소속하면서 무신론적 급진자유주의자가 되었습니다. 공산혁명을 주도하다 실패한 다음 런던으로 망명, 영국 대영박물관 도서관에서 경제학을 공부하고 유물사관을 정립하면서 "신은 죽었다. 종교는 아편이다."는 주장을 하기에 이르렀다는 것입니다.

칼 막스는 인생의 마지막 10년을 정신적인 침체 속에 있다가 우울한 죽음을 맞이했다고 합니다. 아버지의 가치관 혼돈이 한 자녀의 운명을 바꿨고, 세계사의 흐름을 바꾸고 말았습니다.

오늘날도 우리 자녀는 똑같이 아버지가 살아가는 모습을 유심히 읽고 있습니다.

'아버지가 믿는 하나님, 그분은 과연 신뢰할 수 있는 분인가?'

'진짜로 하나님을 믿고 의뢰하는 삶이 인생에 있어서 최고의 가

치인가?'

자녀는 아버지의 삶을 읽어 내리면서 그것을 자기 것으로 받아들일 것인가, 말 것인가를 저울질하고 있습니다. 아버지가 확고한 믿음을 가지고 올바른 신앙인의 모습을 보여 준다면, 자녀는 쉽게 아버지의 신앙을 따라 갈 것입니다.

내가 가지고 있는 최고의 가치관을 자녀들에게 물려주는 것, 그것이 최고의 영성입니다. 하지만 모든 것이 영적으로만 결정되는 것은 아닙니다. 아무리 부모가 높은 신앙의 수준과 확고한 삶의 기준을 보여 준다 할지라도, 문제는 자녀가 그것을 받아들이느냐에 달려 있습니다. 부모와 자녀와의 친밀감이 없다면, 또 자녀들이 충분한 사랑과 용납을 받고 있다는 느낌이 없다면, 자녀들은 아버지와 부모의 가치관과 동일시하기를 거부합니다.

중요한 것은 자녀의 감정적 필요(사랑, 용납, 용서, 신뢰 등)를 채워 주고 있느냐 하는 것입니다. 감정적인 필요가 채워지지 않은 상태에서의 요청은 강요입니다. 그럴 때 자녀들은 더욱 강하게 반발하고 부모의 권위뿐만 아니라, 하나님의 권위까지도 부정하는 행동을 서슴지 않고 행하는 것입니다.

어떤 부모님은 자녀들을 야단칠 때, 이렇게 이야기하기도 합니다. "넌 그런 행동을 해서 어떻게 하니? 아빠는 너무 실망했다. 아마 하나님도 좋아하지 않으실 거다. 그렇게 하면 하나님이 널 사랑하시겠니?"

이렇게 하는 것은 큰 잘못입니다. 내가 실망한 것과 하나님이 사랑하시는 것은 별개의 문제입니다. 우리는 그렇게 할 수 없지만, 하나님은 무조건적으로 우리를 사랑하시는 분입니다. 누가복음 15장에 나오는 돌아온 탕자가 바로 그 이야기입니다. 자기 몫을 챙겨 가지고 타국으로 가서 허랑방탕한 생활을 하다 재산을 다 탕진하고 겨우 목숨만 건져 돌아온 아들, 그 아들을 아버지는 달려가 안습니다. 반지를 끼워 주고 옷을 갈아입히고 큰 잔치를 베풀어 줍니다. 바로 그것이 무조건적인 사랑입니다.

탕자 아들은 이렇게 말합니다.

"절 하인의 한 사람으로 써 주세요."

"아니다. 아직도 너는 내 아들이다. 아니 넌 어떤 상황에서도 내 아들이다."

하나님의 사랑은 무조건적인 사랑입니다.

부모가 왜곡된 하나님의 성품을 경험시킬 때, 자녀는 부모의 신앙을 동일시하기가 어렵습니다. 늘 집을 비우고 교회에만 가 있는 어머니, 가정은 돌보지 않고 일과 사역에만 매달려 있는 아버지, 그런 가정에서 자란 자녀는 부모의 신앙이 좋음에도 오히려 깊은 영적인 혼돈에 빠지는 경우가 많습니다. 그것은 우선 자녀의 감정적인 필요가 채워지지 않았기 때문입니다. 감정적인 필요가 채워지지 않아, 감정의 그릇이 메말라 있는 상태에서 부모의 가치관을 자기 것으로 받아들이기는 어렵습니다. 부모의 깊은 사랑으로 친밀감이 느껴질 때 그 속에서 동일시 현상이 일어납니다. 그럴 때에야 자녀는 부모의 가치관과 신앙을 받아들이며 그 길을 따라 갑니다.

자녀는 부모의 등을 보고 자랍니다. 부모가 내딛는 걸음 하나가 우리 자녀를 천길만길 낭떠러지로 몰아갈 수도 있고, 푸른 초장으로 인도해 갈 수도 있습니다.

phrase 여호와는 나의 목자시니 내가 부족함이 없으리로다. 그가 나를 푸른 초장에 누이시며 쉴만한 물가로 인도하시도다. 시편 23:1-2

prayer 부모가 항상 자녀에게 삶의 모범이 될 수 있기를 소망합니다. 육신의 부모를 통해서 자녀가 하나님을 경험할 수 있도록 인도해 주소서.

자녀 양육 10계명을 선포하라

"난 아빠가 보고 싶어 울었다."

초등학교 2학년 학생이 일기에 쓴 글입니다. 늘 늦게 퇴근하고 새벽 일찍 출근하는 아빠, 공휴일에도 일 때문에 바쁘다며 출근하거나 친구들 만나러 간다는 아빠. 어린아이는 아빠의 얼굴을 통 볼 수 없었던 것입니다. 아빠가 보고 싶어 흘린 눈물, 얼마나 아픈 눈물이었을까요? 평생 잊지 못할 뼈아픈 눈물일 것입니다. 우리 주위에는 이렇게 아빠가 보고 싶어 우는 자녀들이 의외로 많습니다.

일본에서는 요즈음 '은둔 외톨이'가 큰 사회적 문제로 떠오르고 있습니다. 은둔 외톨이가 일본에는 약 100만 명이나 되고, 한국에도 몇 십만 명은 되리라는 보도가 있었습니다.

'은둔 외톨이'는 밖으로 나가지 않고 혼자 집에 처박혀 인터넷을 하거나, 만화 같은 걸 보며 혼자 방 안에서 삶에 의욕을 잃은 채 빈둥거리며 지내는 청소년들을 가리키는 말입니다. 부모들이 아무리 밖으로 내보내려고 해도 그들은 꿈쩍도 하지 않습니다. 그래서 일본에서는 그런 아이들만 받아 주는 기숙사가 별도로 있을 정도라고 합니다. 어떤 아이들은 몇 년씩이나 자기 방에 처박혀 있는 경우도 있다고 합니다.

왜 이런 일이 발생할까요? 전문가들은 그 원인을 여러 가지로 분석하고 있는데, 왕따와 입시 실패로 인한 좌절 등으로 해석하고 있습니다.

하지만 나는 다르게 보고 싶습니다. 이것이야말로 아버지의 부재가 낳은 최악의 결과가 아닐까 염려하고 있습니다. 놀라운 사실은 은둔 외톨이 중 대부분이 남자 아이들이라는 것입니다. 주변 사람들과 관계를 맺지 못하는 아이들, 그들은 대부분 자폐적인 성향을 보이며 가정에서 은둔 생활을 하면서 점점 외톨이가 되어 가고 있습니다.

아버지는 자녀에게 사랑과 권위를 경험시켜 주어야 할 책임을 지닌 사람입니다. 물론 어머니도 사랑과 권위를 자녀에게 경험시켜야 합니다. 하지만 아버지가 사랑과 권위의 주도권자이며, 최종 책임자입니다. 어머니의 사랑과 권위는 안아 주고 품어 주는 부드러운 것입니다. 아버지의 사랑과 권위는 세워 주고 떠나보내는 딱딱한 것입니다. 자녀에게 부드러움과 딱딱함이 조화된 사랑을 골고루 주어야 합니다.

아버지는 관계의 시작입니다. 아버지와의 관계가 좋은 사람은 대인관계를 잘하지만, 아버지와의 관계가 어려운 사람들은 대인관계에도 어려움을 겪는 것을 많이 봅니다.

특별히 아들의 경우에는 더 심각합니다. 원래 남자는 감정 표현을 능숙하게 하지 못하는 데다, 관계를 맺는 데 몹시 서투르기 때문입니다. 아버지로부터 사랑과 권위를 적절히 경험하지 못한 아들들은 사회성을 세워 가는 데 특별히 어려움을 겪습니다. 아들에게 남성을 경험시켜 그들이 사회성과 도덕성이 높은 남자로 키우기 위해서는 아버지가 아들과 함께 많은 시간을 보내주어야 합니다. 시간을 보낸다는 것은 삶을 나눠 준다는 것입니다. 생명을 나눠 준다는 것입니다.

미국 카네기 공대에서 성공의 요인을 조사해 보았더니 지적 능력은 15%이며, 관계를 맺는 능력이 85%라는 것입니다. 관계 훈련은 바로 가정에서 아버지와의 관계에서 경험되어 지는 것입니다.

아버지는 슈퍼맨이 되기 위해 열심히 일하고 있지만, 정작 아들은 배트맨 아빠를 원합니다. 슈퍼맨은 혼자 다니고, 배트맨은 늘 곁에 친구가 있습니다. 자녀들에게 돈으로 사랑을 표현하지 말고, 시간을 함께 보내야 합니다. 보통 양보다 질을 이야기하지만, 자녀들과의 관계에서는 양도 매우 중요합니다.

 **강의노트** 배트맨 아빠의 자녀 양육 10계명

1. 자녀와 일대일로 데이트를 하라.

자녀와 일대일로 만나 특별한 경험을 나누십시오. 아버지가 나를 특별하게 대우하고 있다는 특별한 느낌을 갖도록 해 주십시오. 아버지와의 비밀은 그들을 자존감이 높은 성숙함으로 이끌어 갈 것입니다. 일대일로 만나서 데이트 할 때는 자녀가 원하는 곳으로 가서 그들이 원하는 음식을 나누며 그들의 이야기를 들어주어야 합니다. 아버지가 이야기를 하거나 충고나 조언을 하는 게 아니라, 자녀가 편안하게 자신의 문제를 이야기할 수 있도록 들어주어야 합니다.

자녀가 음악회와 영화와 연극과 운동 시합을 보기 원한다면, 함께 가 보는 것도 좋은 일입니다. 자녀와 데이트할 때는 자녀들의 취향에 따라 주는 것이 필요합니다. 아버지와 가정 밖의 세계를 함께 경험하는 것, 의견을 함께 나눠 보는 것은 그들의 사회성을 키우는 데 큰 도움이 됩니다.

2. 자녀와 여행을 떠나라.

여행은 일상에서 떠나 마음을 열어 줍니다. 여행은 새로운 환경을 만나는 긴장과 기쁨이 있기에 자녀들과 함께하는 여행은 자녀와의 결속을 강화시키고, 친밀감을 키울 수 있는 중요한 시간입니다. 역사 .여행, 동·식물원이나 박물관 방문, 선교 여행 등 테마 여행을 하는 것이 바람직합니다.

3. 어린 자녀와는 신체 접촉을 많이 하라.

자녀와 몸을 부딪치며 아버지를 경험시키는 것은 매우 중요합니다. 아들의 경우는 몸을 부딪치는 좀 격한 운동을 함께하고, 딸의 경우에는 아주 부드러운 것을 함께하도록 합니다. 아들과는 씨름이나 농구 등을 하며 강한 남성성을 경험시키고, 딸과는 함께 산책을 한다든지 가벼운 운동을 하면서 함께 시간을 보내는 것 등이 좋습니다.

4. 생일, 성년의 날 등 특별한 날에는 이벤트를 준비하라.

자녀의 생일에 기억이 남는 이벤트를 기획해 보는 것도 필요합니다. 성년이 되는 날, 남자의 경우 만 18세가 되는 날 특별한 의식을 갖고 이제는 네가 성인이라는 것을 선포하고 축하해 주며 남성성에 대해 설명해 주는 것도 매우 의미가 있습니다. 딸의 경우 첫 생리가 시작되었을 때, 특별한 의식을 갖고 이제 여성이 되었음을 축하해 주며 여성성에 대해 이야기해 주는 것도 필요합니다. 그리고 성인으로 정중하게 대해 주십시오. 하지만 평소에도 자주 문자 메시지나 이메일, 짧은 편지 등으로 사랑과 관심을 표현하십시오.

5. 자원 봉사하는 일에 함께 동참하라.

어려운 사람을 돕는 자원 봉사의 일에 함께 참여하십시오. 자녀에게 봉사의 기쁨, 섬김의 기쁨을 맛보게 하고, 세상은 함께 더불어 사는 곳이라는 것을 경험시켜야 합니다. 그들은 이런 봉사활동을 통해 건강한 사회를 꿈꾸게 되고, 자신의 가치관을 형성해 나갈 것입니다. 삶에의 열정을 갖고, 강한 동기 부여를 느낄 것입니다.

6. 산소를 방문해서 할아버지와 할머니 이야기를 해 주라.

부모님의 산소를 방문하거나 가족 모임에 함께 참여해서 그들이 경험하지 못했던 할아버지와 할머니의 이야기를 해 주십시오. 우리는 세대와 세대를 연결시키는 연결 고리를 역할을 하고 있으며, 우리는 가문의 역사를 만들어 가는 사람이라는 것을 깨닫게 하십시오. 새로운 가문의 역사를 쓰도록 격려하십시오.

7. 아버지가 하고 있는 일을 경험케 하라.

가끔 자녀들, 특별히 아들을 아버지의 일터로 초대하여 아버지가 하는 일을 알려 주십시오. 아버지의 친구들 모임에도 가끔은 데리고 가는 것이 좋습니다. 아버지의 회사를 통해, 친구를 통해 자녀는 사회성을 키워갈 수 있습니다.

8. 학교 선생님을 만나고, 주일학교 선생님을 만나라.

가끔은 학교나 주일학교를 방문해서 자녀의 선생님을 만나 보십시오. 그들과 함께 교제하면서 자녀의 이야기를 들어 보십시오. 가끔은 자녀와 함께 주일 예배를 드리고 선생님과 함께 식사를 나누는 것도 좋습니다.

9. 친구들의 이름을 불러 주고 그들을 위해 기도하라.

자녀가 친구들 이야기를 할 때, 그 친구들의 이름을 잘 기억하십시오. 그 친구의 이름을 불러 주고 가끔 안부도 묻고, 그 친구들을 식사나 좋은 행사에 초청하십시오. 자녀의 친구를 위해 기도해 주십시오. 친구가 건강해야 우리 자녀도 건강하게 지킬 수 있습니다.

10. 자녀의 이야기를 잘 들어주라.

자녀는 특별히 아버지와 하고 싶은 이야기가 있습니다. 때를 놓치지 마십시오. 자녀가 아버지와 얘기하고 싶어서 아버지한테 전화하면 늘 바빠서 '통화중'이라는 신호만 듣게 하지 마십시오. 자녀가 실망하지 않도록 하십시오. 그들은 아버지를 대신하는 대화 상대를 찾아 방황하거나 자신만의 밀폐된 공간으로 숨어 버릴지도 모릅니다.

아버지는 자신의 직업을 자신과 동일시하는 경향이 있고, 어머니는 남편과 자신을 동일시하는 경향이 있습니다. 자녀는 자아 개념

없이 태어나 부모님, 특별히 아버지의 삶의 태도나 가치관을 읽어내려 가면서 자아 개념을 형성해 나갑니다. 자녀와 함께 시간을 보내십시오. 자녀는 그 시간에 비례해서 건강한 가족 구성원으로, 신앙인으로, 사회인으로 성장해 나갈 것입니다.

phrase 또 아비들아 너희 자녀를 노엽게 하지 말고 오직 주의 교양과 훈계로 양육하라. 에베소서 6:4

prayer 자녀를 하나님의 사랑으로 품고, 하나님의 말씀으로 양육할 수 있도록 인도하소서. 자녀의 말에 귀 기울여 아이에게 최고의 인생 상담자가 되게 하시고 자녀와 함께하는 시간을 계획하게 해 주세요.

자녀를 키운다는 것,
그 기쁨을 기억하라

한때, 인터넷에는 "아버지는 누구인가?"라는 글이 떠올라 보는 이들의 가슴을 뭉클하게 한 적이 있습니다.

아버지란 기분이 좋을 때 헛기침을 하고, 겁이 날 때 너털웃음을 웃는 사람이다. 아버지란 자기가 기대한 만큼 아들, 딸의 학교 성적이 좋지 않을 때 겉으로는, "괜찮아, 괜찮아" 하지만 속으로는 몹시 화가 나는 사람이다. 아버지의 마음은 먹칠을 한 유리로 되어 있다. 그래서 잘 깨지기도 하지만, 속은 잘 보이지 않는다. 아버지란 울 장소가 없기에 슬픈 사람이다. 아버지가 아침 식탁에서 성급하게 일어나서 나가는 직장이라는 장소는 즐거운 일만 기다리고 있는 곳은 아니다. 아버지는 머리가 셋 달린 용龍과 싸우러 나간다. 피로와 끝없는 일과 직장 상사에게서 받는 스트레스로 된 머리 말이다.

아버지란 "내가 아버지 노릇을 제대로 하고 있나? 내가 정말 아버지다운가?" 하는 자책을 날마다 하는 사람이다. 아버지란 자식을 결혼

시킬 때 한없이 울면서도 얼굴에는 웃음을 나타내는 사람이다. 아들 딸이 밤늦게 돌아올 때에 어머니는 열 번 걱정하는 말을 하지만 아버지는 열 번 현관을 쳐다본다. 아버지의 최고의 자랑은 자식들이 다른 사람에게 칭찬을 받을 때다.

아버지가 가장 꺼림칙하게 생각하는 속담이 있다. "가장 좋은 교훈은 손수 모범을 보이는 것이다."라는 말이다. 아버지는 늘 자식들에게 그럴 듯한 교훈을 하면서도, 실제 자신이 모범을 보이지 못하기 때문에, 이 점에 있어서는 미안하게 생각도 하고 남 모르는 콤플렉스도 가지고 있다. 아버지는 이중적인 태도를 곧잘 취한다. 그 이유는 '아들, 딸들이 나를 닮아 주었으면…….' 하고 생각하면서도, '나를 닮지 않아 주었으면…….' 하는 생각을 동시에 하기 때문이다. 아버지에 대한 인상은 나이에 따라 달라진다. 하지만 그대가 지금 몇 살이든지, 아버지에 대한 현재의 생각이 최종적이라고 생각하지 말라. 일반적으로 나이에 따라 변하는 아버지의 인상은 이렇다.

5세, "아빠는 무엇이나 할 수 있다."

7세, "아빠는 아는 것이 정말 많다."

12세, "아빠는 모르는 것이 많아."

14세, "우리 아버지요? 세대 차이가 나요."

25세, "아버지를 이해하지만, 기성세대는 갔습니다."

30세, "아버지의 의견도 일리가 있지요."

40세, "여보! 우리가 이 일을 결정하기 전에, 아버지의 의견을 들어봅
시다."

50세, "아버님은 훌륭한 분이었어."

60세, "아버님께서 살아 계셨다면, 꼭 조언을 들었을 텐데……."

아버지란 돌아가신 뒤에도, 두고두고 그 말씀이 생각나는 사람이다.
아버지란 돌아가신 후에야 보고 싶은 사람이다. 아버지는 결코 무관
심한 사람이 아니다. 아버지가 무관심한 것처럼 보이는 것은 체면과
자존심과 미안함 같은 것이 어우러져서 그 마음을 쉽게 나타내지 못
하기 때문이다. 아버지의 웃음은 어머니의 웃음의 두 배쯤 농도가 진
하다. 울음은 열 배쯤 될 것이다. 아들딸들은 아버지의 수입이 적은
것이나 아버지의 지위가 높지 못한 것에 대해 불만이 있지만, 아버지
는 그런 마음에 속으로만 운다. 아버지는 가정에서 어른인 체를 해야
하지만, 친한 친구나 맘이 통하는 사람을 만나면 소년이 된다. 아버지
는 어머니 앞에서는 기도도 안 하지만, 혼자 차를 운전하면서는 큰 소

리로 기도하는 사람이다. 어머니의 가슴은 봄과 여름을 왔다 갔다 하지만, 아버지의 가슴은 가을과 겨울을 오고간다.

아버지는 비록 살아 계실 때는 그 존재 가치를 인정받지 못할 때가 많지만 돌아가신 후에 그 빈자리의 허전함과 중요성을 깨닫게 하는 존재입니다.

얼마 전 나는 한때 꿈이 담겨 있던 회사를 정리한다는 사실을 가족들에게 알려야 했습니다. 어려운 상태에서 동업하던 친구에게 부담을 주고 정리한다는 것도 힘들었지만 아들들에게 그 이야기를 하는 것도 쉽지 않은 일이었습니다. 함께 식사를 하면서 어렵게 그 이야기를 꺼냈습니다.

"…… 특히 둘째인 재학이에게 미안하다. 재학이는 아버지의 사업을 이어 받을 그런 생각도 있었다는 것 잘 안다. 하지만 아버지가 그 사업을 잘 일구지 못하고 정리하는 것이 미안하다. 하나님이 재학이에게 주신 꿈을 향해 나아가길 바란다. 아버지가 힘껏 돕고 기도할게……."

눈물을 감추며 애써 태연한 듯 이야기를 했습니다. 그런데 그 다음 날 우리 가족 홈페이지에 다음과 같은 글이 올라왔습니다.

어제 아버지가 떨리는 목소리로 그동안의 사업을 정리한다고 말씀하셨을 때 여러 가지 생각이 들었습니다. 먼저는 그동안 아버지라는 이름으로 우리 가족을 위해 희생하신 그 사랑에 감사함을 느꼈습니다. 극심한 경제 불황 속에서도 중학교, 고등학교, 대학교를 아무 어려움 없이 졸업할 수 있었던 것이 모두 아버지가 항상 그 자리에서 열심히 땀 흘리신 덕분이었다는 생각 또한 해 봤습니다. 요즘 직장에서 돈을 받으면서 일을 한다는 것이 얼마나 힘든 것인지를 조금씩 알아가고 있습니다. 아버지가 그동안 하셨던 일이 얼마나 힘들었는지 조금이나마 알 수 있었습니다. 우리 가족을 위해 항상 최선을 다하셨던 아버지의 모습을 잊지 않겠습니다. 이제 또한 새로운 자리에서 최선을 다하여 멋진 삶을 살아가시는 아버지의 모습을 기대합니다. 그리고 무엇보다 하나님이 아버지의 앞길을 가장 좋은 곳으로 인도해 주시리라 믿습니다. 아버지 사랑합니다. 그리고 감사합니다.

둘째 재학 올림

나는 이 글을 읽고 또 읽으면서 많이 울었습니다. 아버지의 자리, 그 자리는 힘든 자리지만 가장 보람 있는 자리입니다. 이 세상의 그 어느 자리보다 위대한 자리입니다.

만일 내가 다시 아이를 키운다면
먼저 아이의 자존심을 세워 주고
집은 나중에 세우리라.
......

만일 내가 다시 아이를 키운다면
더 많이 아는 데 관심을 갖지 않고
더 많이 관심을 갖는 법을 배우리라.

……

덜 단호하고 더 많이 긍정하리라.
힘을 사랑하는 사람으로 보이지 않고
사랑의 힘을 가진 사람으로 보이리라.

다이애나 루먼스

phrase 이삭이 그 아비 아브라함에게 말하여 가로되 내 아버지여 하니 그가 가로되 내 아들아 내가 여기 있노라 이삭이 가로되 불과 나무는 있거니와 번제할 어린 양은 어디 있나이까. 창세기 22:7
나와 아버지는 하나이니라 하신대. 요한복음 10:30

prayer 아버지의 자리와 어머니의 자리는 어느 누구도 대신할 수 없는 위대한 자리라는 것을 기억하고, 그 자리를 잘 지킬 수 있도록 지혜와 믿음과 건강을 주소서.

하나님의 디자인, 가정

하나님은 너와 나를 만들고 가정을 만드셨습니다.

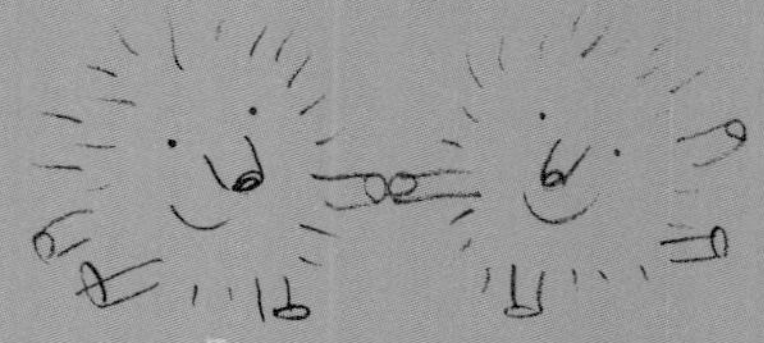

돕는 배필을 지으리라 벌거벗었으나 **부끄러워** 아니하니라 생육하고 번성하여 땅에 충만하라

그 부모를 떠나 아내와 **연합하여** 한 몸을 이룰지라 예수님이 요셉의 가정에 오신 이유

돕는 배필을 지으리라

가장 완벽한 조건의 에덴동산. 어쩌면 그곳은 지상낙원이었을 것입니다. 그러한 환경 속에서 아담이 할 일은 아무것도 없었을지도 모릅니다. 다만 에덴동산에서 하나님과 대화하고, 먹고 싶을 때 먹고 자고 싶을 때 자는 자연인의 모습이었을 것입니다. 그런데 하나님은 이렇게 말씀하셨습니다.

"사람의 독처하는 것이 좋지 못하니 내가 그를 위하여 돕는 배필을 지으리라" 창세기 2:18

하나님은 그 완벽한 환경 속에서 혼자 사는 아담의 모습이 좋지 못하다고 말씀하시며, 아담에게 돕는 배필을 만들어 주시기로 결정하셨던 것입니다. 그런데 그런 결정을 하시고, 바로 하와를 만들지 않으셨습니다. 먼저 각종 동물을 아담에게 이끄시고 그 동물의 이름을 짓게 하셨습니다. 창세기 2:19

하나님은 아담에게 동물 이름을 짓는 일을 주심으로써 그에게 영적 권위를 허락하셨습니다. 그리고 당신의 형상대로 만든 아담에게 창조 사역의 마무리를 맡기셨습니다. 그것은 참으로 놀라운 일이며, 축복이었습니다. 하나님으로부터 할 일을 받는다는 것은 기름부음을 받았다는 것입니다. 기름부음을 받은 자에게 가장 기본은 예배를 드리는 것과 일하는 것입니다. 일은 영성 생활의 기본입니다. 일이 없는 곳에는 예배가 없습니다.

아담은 쌍쌍이 지나가는 동물의 이름을 지으며 처음에는 행복했을 것입니다. 하지만 시간이 지나면서 이상한 생각이 들었습니다.

'그런데 왜 나는 혼자지?'

그는 처음으로 고독과 외로움을 느끼기 시작했습니다. 그리고 이름 짓기도 처음에는 쉽고 재미있는 것 같았지만, 갈수록 만만치 않았습니다. 그 많은 동물의 이름을 혼자 짓는 작업은 쉬운 일이 아니었습니다. 시간이 흐르면서 그는 외로움의 심연에 빠졌습니다.

'누군가 내 옆에 있으면, 함께 의논도 할 수 있을 텐데……'

이런 생각을 하면서도 열심히 이름을 짓는 일을 계속했습니다.

하지만 작업을 하면 할수록 마음속의 바람이 점점 강해졌습니다.

'왜 내게는 짝이 없을까? 내게도 저렇게 함께 걸어갈 짝이 있었으면 얼마나 좋을까?'

아담의 마음은 점점 우울해졌을지도 모릅니다. 하지만 아담은 그런 상황 속에서도 자신의 임무를 충실히 이행했습니다.

왜 하나님은 아담에게 먼저 하와를 만들어 주시기 전에 동물의 이름을 짓게 하셨을까요? 이름을 짓는다는 일은 이름을 지어 주는 대상에 대해서 영적인 권위를 갖는다는 뜻입니다. 하나님은 이름을 짓는 과정을 통해 아담이 인격적으로 성장하고 영적으로 성숙하기를 기다리셨습니다. 아니 더욱 중요하고 결정적인 의미는 아담에게 하나님의 대리자로 기름을 부으시고, 축복의 그릇인 가정의 제사장 목자로서의 역할을 감당할 수 있는 권위를 맡기셨다는 것입니다.

드디어 이름 짓기가 끝나자 하나님은 아담을 깊이 잠들게 하시고 아담의 갈비뼈를 취해서 하와를 만드시고, 하와를 아담에게로 이끌어 오셨습니다. 아담의 눈에는 충격, 감격, 환희로 인류 최초의 눈물이 맺혔을지도 모릅니다. 고독과 외로움의 깊은 골짜기를 통과한 후 얻은, 가장 소중한 부분으로 만들어진 존재. 그녀가 아담 앞에 나타났을 때, 그는 이렇게 이야기합니다.

"이는 내 뼈 중의 뼈요, 살 중에 살이라 이것을 남자에게서 취하였은즉, 여자라 칭하리라" 창세기 2:23

　인류 최초의 사랑의 고백이었습니다. 이 사랑 고백의 더 큰 영적인 의미는 하나님을 향한 첫 예배였다는 것입니다. 예배의 본질은 사랑의 고백이며, 사랑의 실천입니다.

　"하나님, 제게도 이제 드디어 함께 삶을 나누고 함께 걸어갈 인생의 동반자를 허락하셨군요. 감사합니다."

　그리고 그는 드디어 하나님 창조 사역의 최후의 걸작품인 여자의 이름을 짓는 일을 합니다.

　"이것을 남자에게서 취하였은즉 여자라 칭하리라."

　예배와 일이 완전히 하나가 되는 가장 아름다운 순간이었습니다. 비로 이때 태어난 것이 가정이었습니다. 그곳은 천국이었습니다.

　가정이 세워지기 위해서는 기름부음이 필요했습니다. 아담의 영적인 성숙, 인격적인 성장이 필요했습니다. 그 절정의 순간에 아담은 죽음과도 같은 깊은 잠을 맛보았습니다. 그의 죽음을 통해 하와가 창조되었습니다. 그리고 예배와 일이 하나가 되었을 때 가정이 탄생된 것입니다.

　이 시대, 무너진 가정을 회복하는 일은 기름부음을 받은 아버지의 영적인 권위를 회복하는 일입니다. 아니 더욱 기본적인 일은 예배자로서의 모습을 회복해야 합니다. 하나님을 사랑하고, 이웃을 내 몸같이 사랑하는 것, 그것이 예배의 기본입니다. 예배와 일이 완전히 일치하는 삶을 통해서 우리 가정은 회복될 것입니다.

가정과 천국은 같은 개념입니다. 그래서 가정을 작은 천국이라고 하는 것입니다. 하나님은 가정을 창조하시고, 하나님의 형상으로 빚어진 인간이 가정을 통해 천국의 기쁨을 맛보길 원하셨던 것입니다.

하지만 사람들은 가정에서 천국을 맛보는 것이 아니라 지옥을 경험하고 있습니다. 가정이 기쁨과 평안, 치유와 회복의 원천이 아니라, 슬픔과 불안, 상처와 좌절의 원천이 되어 가고 있습니다. 많은 가정이 깨지고 있습니다. 이혼율이 이미 50%를 넘어섰다는 보고가 있고, 월 평균 천 명의 주부가 가출하고 있다는 슬픈 소식이 들려옵니다. 청소년 가출보다 중년의 가출이 더 많고 그 대부분이 주부라고 합니다.

가정이 무너지면 교회도 힘을 잃고, 사회도 무너집니다. 이제 가정을 회복해야 합니다. 가정의 파괴는 절대로 자연의 파괴와 무관하지 않습니다. 자연을 아끼고 사랑하는 마음이 우리 안에 충만할 때, 우리의 심성도 회복될 것입니다. 그래서 뜻있는 사람들이 자연 보호와 회복 운동을 벌이고 있습니다. 아주 고마운 일이며, 창조의 회복과도 관련이 있는 아름다운 일입니다.

하지만 더 중요한 것은, 아니 결정적인 것은 아담의 회복입니다. 하나님은 분명 선악을 알게 하는 열매를 먼저 먹고 아담도 먹도록 인도한 것은 하와라는 사실을 아셨음에도, 아담에게 "네가 어디 있느냐?"창세기 3:9며 아담을 찾으셨습니다. 바로 가정에서 일어나는 모든 영적인 일의 궁극적인 책임은 바로 남편에게, 아버지에게 있다는 것을 말해 줍니다. 사실 선악을 알게 하는 나무의 실과를 먹는 것은 육체의 일 같지만 영적인 문제였습니다.

아버지가 바로 서야 가정이 바로 섭니다. 아버지가 영적인 책임을 다할 때, 가정에 천국이 임할 것입니다. 가정에 천국이 임할 때, 교회의 진정한 부흥이 임할 것입니다. 교회의 진정한 부흥이 있을 때, 이 땅에 천국이 임할 것입니다. 아버지는 이 땅에 가정과 천국을 세워 가는 건축가입니다.

phrase 누구든지 자기 친족 특히 자기 가족을 돌아보지 아니하면 믿음을 배반한 자요 불신자보다 더 악한 자니라. 디모데전서 5:8

prayer 이 땅의 모든 아버지와 어머니가 가정을 세우는 건축가로서의 역할을 잘 감당할 수 있도록 인도해 주소서.

벌거벗었으나 부끄러워 아니하니라

하나님은 자기 형상, 곧 하나님의 형상을 따라, 사람을 만드시되 남자와 여자를 만드셨습니다.창세기 1:27 하나님은 남자와 여자를 동시에 만드실 수도 있으셨습니다. 또 같은 재료를 사용하실 수도 있으셨습니다. 하지만 하나님은 서로 다른 재료를 사용하셔서, 서로 다른 시기에 창조하셨습니다. 그래서 떠남이 있고, 연합과 한 몸이 되어야 하는 과정이 필요합니다. 그 과정 속에서 차이 때문에 고통을 겪는 것입니다.

하지만 그 엄청난 차이에도 인간이 죄를 범하기 이전 에덴동산의 아담과 하와에게는 고통이 없었습니다. 차이는 전혀 문제 되지 않았습니다. 오히려 그 차이를 즐기며 서로 돕는 배필로서의 역할을 충실하게 해 나갔습니다. 그들은 자연을 정복하고 다스리며 살아갔습니다. 벌거벗었으나 부끄러움이 없었습니다.창세기 2:25 친밀함의 극치를 누렸습니다. 삼위일체 하나님의 형상대로 삼위 하나님의 친밀함을 누리며 살아가고 있었을 것입니다. 그들의 삶의 터전은 가정이었지만 그곳은 바로 천국이었습니다.

하지만 사탄은 이들을 그대로 놔두지 않았습니다. 최초의 범죄는 선악을 알게 하는 나무의 실과를 따먹은 것이었습니다. 그 일로 그들은 눈이 밝아졌으나 영적인 눈은 오히려 어두워지고 육체적인 눈만 크게 열린 것이었습니다.

하나님이 아담을 부르며 찾으셨을 때, 아담은 "내가 벗었으므로 두려워하여 숨었나이다"창세기 3:10 하고 고백했습니다. 하나님이 "누가 너의 벗었음을 네게 고하였느냐?"창세기 3:11 고 말씀하신 것을 보면, 사실 아담과 하와는 죄를 짓기 이전에는 벗었는지도 모르고 살았습니다.

그들이 벌거벗은 것을 알았을 때, 그들에게 찾아 온 것은 수치감, 당혹감이었을 것입니다. '아니 이럴 수가……!' 그들은 누가 시키지 않았지만 각자 무화과 나뭇잎을 엮어 치마를 만들어 자신의 몸을 가렸습니다. 그리고 숨었던 것입니다. 그들의 수치감은 두려움으로 변하기 시작했습니다. 차이를 느끼면서 그들은 거절에 대한 두려움에 떨기 시작하였습니다. 하나님과 늘 동행하며, 하나님과 하나임을 느끼며 살았던 그들이었지만, 이미 하나가 아니었습니다. 너무 다르다는 것을 확연히 알았습니다.

아담과 하와는 "이는 내 뼈 중에 뼈요 살 중에 살"이라는 고백을 한 후, 하나라는 생각으로 살아왔지만, 이제는 아니었습니다. 나의 분신과도 같은 그런 존재였지만, 이젠 너무 달라 보였습니다. 이미 하나가 아니었습니다.

《세상에서 가장 실제적인 결혼 생활 지침서》(스콧 스탠리 외 3인 지음)에서는 아담과 하와가 치마로 자신들을 가린 행위는 두 가지의 영적인 의미가 있다고 말합니다. 그 하나는 친밀함을 표시하는 가장 중요한 역할을 감당하는 신체의 일부를 가렸다는 이야기며, 그 둘은 더 이상 서로가 완전히 용납되는 멋진 자유를 느낄 수 없었기 때문에 확연히 다른 부분을 가렸다는 것입니다. 죄로 인해 아담과 하와는 친밀감을 상실해 버리고 말았습니다. 죄로 인해 서로의 차이를 용납하지 못하고, 판단하고 정죄하기 시작했습니다.

오늘날, 우리 가정의 모습은 어떻습니까? 친밀감이 사라지고 있습니다. 거절에 대한 두려움 때문에 친밀해지려는 것을 포기하고, 오히려 적당한 거리를 두고 살아가는 가정이 많습니다. 자신을 그럴싸하게 포장하고, 이중적인 모습으로 살아가고 있습니다.

이제 친밀감을 회복해야 합니다. 친밀한 사랑은 벌거벗었으나 부끄럼이 없는 사랑입니다. 우리의 정체성을 세워주며, 삶을 풍성하게 만드는 가장 중요한 요소인 친밀감을 회복하는 지름길은 서로의 다름을 용납하는 것입니다.

남자와 여자는 다르게 지어졌습니다. 부부의 경우, 자라온 환경이 다릅니다. 문화적인 배경이 다릅니다. 생활 풍습과 습관이 다릅니다. 영적인 배경도 다릅니다. 서로가 다르다는 것을 인정해 주는 것이 신뢰의 기본입니다. 신뢰가 있는 곳에 친밀감이 싹트게 되는 것입니다.

사랑은 오래 참고, 모든 것을 참고, 오래 견디는 것_{고린도전서 13:4}입니다. 참고 견딘다는 것은 차이를 용납하고, 상대방의 가치를 인정해 준다는 것입니다. 차이를 인정하는 것이 친밀감의 기초이며, 사랑의 초석입니다.

phrase 사랑 안에 두려움이 없고, 온전한 사랑이 두려움을 내어 쫓나니 두려움에는 형벌이 있음이라 두려워하는 자는 사랑 안에서 온전히 이루지 못하였느니라. 요한일서 4:18

prayer 부부가 벌거벗었으나 두려워하지 않는 친밀감이 있게 하시고, 부부가 온전한 사랑으로 하나되는 축복을 허락하소서.

생육하고 번성하여 땅에 충만하라

하나님은 천지창조 최후의 순간에 최고의 걸작품을 만드셨습니다. 하나님은 모든 작품을 말씀과 손으로 완벽하게 만드셨습니다. 하지만 최후이자 최고의 걸작품은 어쩌면, 당신의 형상으로 빚어진 인간에게 맡겨서 그들의 손으로 완성하길 원하셨는지도 모릅니다.

"하나님이 그들에게 복을 주시며 그들에게 이르시되 생육하고 번성하여 땅에 충만하라. 땅을 정복하라. 바다의 고기와 공중의 새와 땅에 움직이는 모든 생물을 다스리라 하시니라" 창세기 1:28

하나님이 축복의 그릇이자, 생육하고 번성하여 충만하여 정복하고 다스리라는 명령을 이행할 수 있는 베이스캠프를 주셨으니, 그것이 바로 가정입니다.

하나님은 우리에게 가정을 만들어 주시면서 설계도와 청사진을 주셨습니다. 가정은 하나님이 인간에게 복을 주시기 위해 만든 최초

의 공동체입니다. 가정은 천국의 기쁨을 미리 맛보아 알 수 있는 축복의 공간입니다. 생육하고 번성하며 충만하고 정복하고 다스리는 일을 해 나가는 곳입니다. 가정이 베이스캠프가 되어 생육하고 번성하며 충만하고 정복하고 다스리는 것입니다. 그것이 하나님이 가정을 만들어 주신 이유입니다.

"남자가 부모를 떠나 그 아내와 연합하여 둘이 한 몸을 이룰지로다" 창세기 2:24

하나님은 이 말씀을 통해 가정이라는 베이스캠프 만드는 법을 구체적으로 알려 주십니다.

첫째, 부모를 떠나라.

둘째, 부부가 연합하라.

셋째, 부부가 한 몸을 이루라.

둘이 한 몸을 이룰 때, 가정이 이루어진다는 것입니다. 둘이면서도 하나인 것이 부부입니다.

가정은 하나님이 인간을 인간답게 훈련시키고자 계획하여 만드신 최초의 공간이었습니다. 하나님은 인간이 그곳에서 영적인 연합, 정서적 연합, 육체적인 연합을 이루어 한 몸이 되며, 성장하고 성숙해 나아가길 원하셨습니다.

하나님은 가정을 만드시고 심히 좋아하셨고, 바로 그 다음 날 안식하셨습니다. 이처럼 가정은 바로 안식입니다. 가정은 안식을 통해 재충전하고, 서로의 사랑을 통해 하나됨을 확인하며, 그 하나됨을 통해 세상을 정복하고 다스리는 베이스캠프의 역할을 감당하는 곳입니다.

"사람이 새로이 아내를 취하였거든 그를 군대로 내어 보내지 말 것이요 무슨 직무든지 그에게 맡기지 말 것이며 그는 일 년 동안 집에 한가히 거하여 그 취한 아내를 즐겁게 할지니라" 신명기 24:5

이 말씀에서 알 수 있듯이 결혼한 지 일 년 내에는 오직 두 사람의 하나됨을 위해 힘쓰라는 것입니다. 삼위일체의 하나됨을 통해서만이 하나님의 형상을 이 땅에서 구현하며 하나님이 맡겨 주신 사명을 감당할 수 있기 때문이었습니다.

이 땅에 하나님 나라가 이루어지고 하나님 나라의 문화가 꽃피길 원한다면 먼저 가정에 하나님 나라가 임하고 가정에서 하나님 나라의 문화를 꽃피워야 할 것입니다. 이것이 하나님이 천지를 창조하는 과정에서 가장 절정의 순간에 우리를 위해 가정을 만들어 주신 이유입니다.

우리 부부는 얼마 전 유럽 4개국을 다니면서, 유럽의 많은 교회를 볼 수 있는 기회가 있었습니다. 놀랍고 가슴 아픈 일은 교회들이 문을 닫고 있으며, 대부분의 대형 교회는 이제 관광지로 바뀌거나 또 많은 교회가 쇼핑몰로, 또 호프집으로 팔리고 있다는 사실이었습니다.

유럽은 한때, 세계 선교를 주도하던 지역이었습니다. 유럽을 통해 전 세계로 복음이 확산되어 갔다고 해도 과언이 아닐 정도로 선교의 열정으로 불타오르던 곳이었습니다. 하지만 이제 자신들의 교회는 거의 다 문을 닫고 있습니다.

'무엇이 문제일까?'

나는 한국교회의 앞날을 걱정하지 않을 수 없었습니다.

'과연 한국 교회의 미래는 어떻게 될 것인가?'

문제는 그동안 모두가 수평 선교에만 집중해 왔다는 것입니다. 지역 선교에만 매달린 것입니다.

"오직 성령이 너희에게 임하시면 너희가 권능을 받고 예루살렘과 온 유대와 사마리아와 땅 끝까지 이르러 내 증인이 되리라"^{사도행전 1:8}

이 말씀은 교회를 중심으로 한 수평 선교를 말씀하고 있습니다.

수평 선교는 한 세대 안에서 이루어지는 선교를 말합니다. 세대 간 물려주는 선교가 아니라 동일한 시대의 사람들에게 복음을 전하는 것입니다. 흔히 우리가 교회에서 하고 있는 선교 사역의 대부분이 수평 선교입니다.

하지만 수평 선교 이전에 수직 선교가 있어야 합니다. 세대와 세대를 연결시키는 선교입니다. 아브라함의 하나님, 이삭의 하나님, 야곱의 하나님, 요셉의 하나님처럼 세대와 세대를 연결하는 선교가 바로 수직 선교입니다. 아버지, 어머니가 만난 하나님을 자녀들에게 경험시키며, 할아버지, 할머니가 만난 하나님을 손자, 손녀에게 경험시키는 것, 그것이 수직 선교입니다.

따라서 수직 선교는 가정을 중심으로 이루어져야 합니다. 수평 선교는 신약의 선교이며, 수직 선교는 구약의 선교입니다. 수직과 수평 선교가 균형을 이룰 때, 생육하고 번성하고 충만하고 정복하고 다스리라는 명령이 이루어질 것입니다. 그 시작이 가정이라는 것입니다. 어떤 가정 사역자는 땅 끝은 바로 자신의 가정이라고 주장합니다.

선교의 시작도 가정이요, 끝도 가정이라는 이야기입니다.

하나님이 다스리는 건강한 가정을 만드는 일, 그것이 하나님이 주신 사명입니다.

phrase 하나님이 그들에게 복을 주시며 그들에게 이르시되 생육하고 번성하여 땅에 충만하라, 땅을 정복하라, 바다의 고기와 공중의 새와 땅에 움직이는 모든 생물을 다스리라 하시니라. 창세기 1:28

prayer 자녀에게 아버지와 어머니가 만난 하나님을 경험케 주시어 수직 선교가 잘 이루어지게 하시고 교회 부흥을 통해 수평 선교가 잘 이루어지게 하셔서 하나님 나라가 이 땅에 충만하도록 인도하소서.

그 부모를 떠나

"이러므로 남자가 그 부모를 떠나
아내와 연합하여 둘이 한 몸을 이룰지로다" 창세기 2:24

결혼은 공동체의 삶이면서도 개인의 삶입니다. 자신을 위한 삶이면서도 자신을 희생하는 삶입니다. 결혼해서 가정을 이루는 첫걸음은 떠나는 것입니다. 떠남은 결단입니다. 떠날 때는 목표를 정해야 합니다. 한 몸을 이루기 위해 떠나는 것입니다. 연합을 위해 떠나야 합니다. 새것을 만들기 위해 옛 것을 떠나는 삶입니다.

내가 존경하는 목사님께 들은 이야기입니다. 그 목사님 부부는 결혼 전에 서로에게 친구 리스트를 공개하는 시간을 가졌다고 합니다. 그리고 그 친구들에 대해 이야기하는 가운데, 혹시 상대방이 앞으로는 이 친구와는 깊이 교제하지 않는 것이 좋겠다고 권고하면 서로 그 권고를 받아들였다는 것입니다. 이 이야기를 듣고 그 목사님 부부를 다시금 존경했던 기억이 납니다.

그 목사님 부부는 진정한 떠남이 무엇인지를 아셨던 것 같습니

다. 나는 결혼 전에 이런 생각도 못했거니와, 했다 하더라도 "왜 내 친구를 너가 만나지 말래?" 하며 아내와 다퉜을 것입니다.

서로를 존중하면서 내 것만을 고집하지 않고 우리 두 사람의 것을 위해 나의 것을 포기하는 것, 이것이 떠남입니다.

어느 목사님 부부의 이야기입니다. 목사님과 사모님은 열렬히 연애를 하고 결혼을 했습니다. 목사님은 전통적인 유교적 가정에서 자라났고, 사모님은 삼대째 기독교 가정에서 자라났습니다. 그런데 두 분이 결혼하신 후 문제가 생겼습니다. 신혼여행을 다녀온 다음 날 아침, 이부자리 정리하는 문제를 놓고 신경전이 벌어진 것입니다.

전통적인 집에서 자라온 목사님에게 아침에 이부자리를 정리하는 것은 여자 몫이었습니다. 하지만 기독교 가정에서 자라온 사모님에게 이부자리를 정리하는 것은 남자의 몫이었던 것입니다. 사모님의 아버지는 "이 힘든 일을 어찌 여자가 하나?" 하시면서 이부자리 정리를 도맡아 하셨던 것입니다.

아내가 당연히 이부자리를 정리할 것으로 믿었던 목사님은 '이 여자가 보기보단 게으르구나……' 하고 생각하셨고, 남편이 당연히 이부자리를 정리할 것으로 믿었던 사모님은 '목사라는 사람이 이렇게 형편없는가……' 하고 생각했답니다.

일주일 동안 방 안에 그대로 펴져 있던 이부자리를 놓고, 결국 대판 싸웠다고 합니다.

이 목사님 부부가 싸운 것은 어느 누구의 잘못도 아니었습니다. 이 부부가 잘못한 것이 있다면 '나'를, 가족 문화를 떠나지 못한 것뿐입니다.

떠난다는 것은 자신의 원 가족으로부터 받은 상처에서도 떠난다는 것입니다. 이것은 정서적인 떠남입니다.

"신혼여행 가면 침대 위에 여섯 명이 누워 있다."라는 이야기가 있습니다. 신혼부부와 양가집 부모들이 함께 누워 있다는 것입니다. 그렇게 해서는 절대로 건강한 결혼 생활을 할 수가 없습니다. 부모님들은 자녀들을 떠나보내야 합니다. 자녀가 태어날 때, 탯줄을 끊어 주는 것이 육체적 탯줄을 끊어 주는 것이라면, 결혼해서 떠나보내는 것은 심리적인 탯줄을 끊어 주는 것입니다. 떠남은 새로운 가문을 만드는 첫 걸음입니다.

떠난다는 것은 나의 가치관, 인생관에서도 떠난다는 것입니다. 떠난다는 것은 나의 상처에서도 떠난다는 것입니다. 떠난다는 것은 영적인 해석으로는 거듭 태어난다는 뜻입니다. 영적으로 거듭 태어나 새로운 피조물이 되어 배우자를 만나는 것입니다.

아내들은 가끔 떠난다는 것을 지리적인 떠남으로 받아들이고 남편에게 이렇게 말합니다.

"그것 보세요. 떠나라고 하지 않아요. 부모님을 모실 필요가 없어요."

하지만 떠난다는 것은 그런 뜻이 아닙니다. 결혼을 하면서 진정한 영적·정서적·물질적 떠남을 의미하는 것입니다.

준비 없이 떠나는 것은 힘듭니다. 지정학적으로, 정서적으로; 문화적으로, 재정적으로, 영적으로 떠남을 준비해야 합니다. 떠나고 떠나보내야 합니다. 그래야 건강한 하나의 가정이, 좀더 나은 가문이 세워질 것입니다.

phrase 이러므로 남자가 부모를 떠나 그 아내와 연합하여 둘이 한 몸을 이룰지로다. 창세기 2:24

prayer 부부가 온전히 부모를 떠나 연합해서 한 몸이 되고 두 사람이 새로운 믿음의 가문을 만들어 갈 수 있도록 인도해 주소서.

아내와 연합하여

가정은 부부의 영적인 연합, 정서적 연합, 육체적 연합을 통해서 세워집니다. 요즈음 나는 많은 신혼부부와 상담을 하는데, 그들의 가장 큰 고통은 부모와의 관계였습니다. 부모님들이 지나치게 간섭해서 부부가 연합하는 데 어려움을 겪는다는 것입니다.

한국의 가정을 지배해 왔던 전통적인 가치관은 부부유별 부자유친의 사상입니다. 그래서 부부는 등을 돌리면 남남이라고 하는 이야기를 흔히 합니다.

시부모와의 갈등이 있거나, 형제간의 갈등이 생기면 남편들이 무심코 하는 이야기가 있습니다.

"당신과 어머니가 다투면 내가 누구를 택할 것 같아? 피는 물보다 진해서 절대로 바꿀 수 없다는 것 몰라?"

저와 상담을 한 50대 초반 자매의 경우, 가족 관계로 문제가 발생하면 그 남편이 늘 시어머니 편을 든다고 합니다.

"여보, 내가 누굴 택해야 하겠어? 피는 바꿀 수 없지만 여자는 의

복과 같아서 바꿔 입을 수도 있다는 거 몰라?"

그 자매는 남편이 내뱉듯이 한 그 말들이 가슴에 못이 박혀 있어 견딜 수가 없다고 했습니다. 그 자매는 이제 머지않아 자녀들이 다 결혼해서 떠나면, 자기가 먼저 옷을 바꿔 입어야 할 것 같다고 말했습니다. 그 자매의 아픔은 아내로서의 정체성 상실에 대한 아픔이었습니다.

남자들은 자신의 일이나 지위를 가지고 자신의 정체성을 확인하지만 여자들은 관계 속에서 자신의 정체성을 세웁니다. 실제로 그 자매는 이런 일을 당할 때마다 '나는 도대체 누구인가? 내가 이 가정의 아내인가, 아니면 가정부인가?' 라는 질문을 수도 없이 했다고 합니다.

아내의 정체성을 세워 주는 길은 부부가 연합하는 것입니다. 하나님은 부부가 연합하기를 원하십니다.

부부의 연합이 가정의 주춧돌입니다. 부모를 떠나는 것이 건축을 위해 땅을 고르는 일이라면, 연합은 주춧돌을 놓는 일입니다. 신명

기 24장 5절에는 남자가 결혼하면 1년 동안은 군대로 보내지 말고 1년 동안 집에 한가히 거하여 그 아내를 즐겁게 하라고 권면하고 있습니다. 부부의 연합을 위해 혼신의 힘을 다하라는 것입니다. 부부가 연합할 때 가정이 세워지고, 그 가정에 의해 나라가 세워지기 때문입니다.

그래서 부부의 연합을 가로 막는 것은 그것이 무엇이 되었든 불순물입니다. 그 어느 누구도 부부의 연합을 방해해서는 안되며 방해할 수 없습니다. 혹 부모님이 방해하면 그것마저도 고귀한 불순물이 되며, 혹 자녀가 방해하면 귀여운 불순물이 됩니다. 고귀하든 귀엽든 불순물은 불순물입니다.

하나님은 부부가 연합하여 부모에게 효도하기를 명하고 있습니다. 아내가 눈물을 흘리며, 한숨을 쉬며 억지로 하는 효도가 아니라, '부부가 연합해서' 한마음 한뜻이 되어 기쁨으로 하는 효도여야 합니다. 하나님은 그런 효도를 할 때 기뻐하시며 장수의 축복을 주신다고 약속하셨습니다.

하나님은 부부가 연합하여 자녀를 양육하기를 명하고 있습니다. 부부가 연합하지 못하면 대개의 경우 어머니는 자녀와 연합합니다. 병적인 관계, 건강하지 못한 관계가 시작됩니다. 그래서 자녀의 건강한 성장과 성숙을 저해하고, 그 역기능으로 성인아이를 만들어 내고 맙니다. 하나님이 세워 주신 가정의 기본 원리는 부부유별 부자유친이 아니라, 부부유친 부자유별입니다.

부부가 건강한 연합을 해야 합니다. 부부가 연합하면 어떤 어려움이 있을지라도 이를 능히 극복해 나아갈 수 있습니다.

phrase 이러므로 남자가 부모를 떠나 그 아내와 연합하여 둘이 한 몸을 이룰지로다. 창세기 2:24

prayer 부부가 하나로 연합해서 부모님을 공경하고, 지혜롭게 자녀를 양육할 수 있도록 인도하소서.

한 몸을 이룰지라

하나님은 둘이 한 몸을 이룰 때 가정이 이루어진다고 말씀하셨습니다. 하지만 세상에서 가장 어려운 것이 하나되는 것입니다. 특별히 부부가 하나되는 일은 더 없이 어려운 일입니다. 인류를 용서하기는 쉬워도 남편을 용서하고, 아내를 용서하는 일은 쉽지 않습니다. 어떤 자매의 이야기가 생각납니다.

한국전쟁 때 아버지를 잃고, 어렵게 살아온 자매와 부부의 갈등 때문에 상담을 한 적이 있습니다. 아버지를 죽인 공산당은 용서할 수 있어도, 남편은 용서할 수 없다면서 눈물을 흘렸습니다. 가까운 관계일수록 수용하는 범위는 좁아지고, 거부하는 범위가 커지기 때문입니다. 먼 관계일수록 수용하는 범위가 커지고, 거부하는 범위가 좁아지기 때문입니다.

어느 가정 사역자는 결혼은 고슴도치가 추운 겨울에 몸을 녹이기 위해 서로 가까이 다가가는 것이라고 비유를 했습니다. 가면 갈수록 찔리고 피 흘리며 아파하는 그런 모습을 결혼에 비유했던 것입니다.

그만큼 남자와 여자가 만나 가정이라는 한 몸을 이루는 과정은 아픕니다.

우리 인간은 모두 죄인입니다. 죄인과 죄인이 만나서, 한 몸을 이루는 과정에서 우리는 고통을 겪을 수밖에 없습니다. 죄란 어떤 것입니까? 자기 잣대를 가지고, 자기주장을 관철하기 위하여 상대방을 무시하는 것입니다. 자기만이 옳다고 주장하는 것, 자기를 강요하는 것, 자기를 자랑하는 것, 자기의 유익을 꾀하는 것, 시기하고 질투하는 것, 무례하게 행동하는 것, 그것이 죄인인 우리가 습관적으로 하는 일입니다.

그 결과, 우리는 하나님이 말씀하신 대로 돕는 배필이 되는 것이 아니라, 바라는 배필이 되고 말았습니다. 늘 바라고 요구만 하는 배필, 그러다 그 요구가 이루어지지 않으면 결국은 포기하고 마는 배필이 되는 것입니다.

꿈을 이루기 위해서는 대가를 지불해야 합니다. 하나님이 원하시는 친밀한 가정을 이루기 위해서 우리는 마땅한 대가를 지불해야 합니다.

성경은 하나됨의 비결을 다음과 같이 말씀하고 있습니다.

"사랑은 오래 참고 사랑은 온유하며 투기하는 자가 되지 아니하며 사랑은 자랑하지 아니하며 교만하지 아니하며 무례히 행치 아니하며 자기의 유익을 구치 아니하며 성내지 아니하며 악한 것을 생각지 아니하며 불의를 기뻐하지 아니하며 진리와 함께 기뻐하고 모든 것을 참으며 모든 것을 믿으며 모든 것을 바라며 모든 것을 견디느니라" 고린도전서 13:4-7

하나됨을 위해 가장 중요한 것은, 오래참고 용납하고 기다려 주는 것입니다. 나와 다른 존재라는 것, 우리는 서로 죄인이라는 존재임을 인정해 주고 실수나 결점을 용납해야 합니다. 그때 부부는 하나될 수 있습니다.

"너희 속에 착한 일을 시작하신 이가 그리스도 예수의 날까지 이루실 줄을 우리가 확신하노라" 빌립보서 1:6

이 말씀을 믿고 인내해야 합니다. 무엇보다 둘이 하나가 되기 위해서는 예수님이 우리 가정에 주인 되셔서, 우리 사이에 막힌 담을

허무시고 일하실 수 있도록 기도해야 합니다. 부부가 하나됨을 향해
함께 나아갈 때에야 비로소 한 몸이 될 수 있습니다.

phrase 그러므로 주 안에서 갇힌 내가 너희를 권하노니 너희가 부르심을 입은 부름에 합당하게 행하여 모든 겸손과 온유로 하고 오래 참음으로 사랑 가운데서 서로 용납하고 평안의 매는 줄로 성령의 하나되게 하신 것을 힘써 지키라. 에베소서 4:1-3

prayer 부부가 몸은 두 개이지만 그리스도 안에서 하나의 인생을 살아갈 수 있도록 인도해 주소서.

예수님이 요셉의 가정에 오신 이유

"저는 저 자신을 십자가에 못 박기로 결단했습니다."

아버지학교에서 있었던 일이었습니다. 그 형제는 직장에서 만난 아내와 결혼해서 처음엔 잘 살았지만, 사업을 시작하면서 바빠지기 시작하여 가정을 멀리하게 되었고, 잦은 술 접대 등으로 아내와의 관계는 점점 나빠져만 갔습니다. 아내가 불평을 하면, 소리를 지르고, "너 배불러서 그런 소리하니?" 하고 윽박지르고 폭언을 퍼붓기도 하고, 폭행을 일삼았습니다. 아내도 병들어 갔고, 아내의 마음도 강퍅해져 갔습니다. 점점 싸움이 격렬해져 갔고, 아내도 폭언을 하기 시작했습니다. "이혼하자!"는 이야기가 빈번히 오가는 중, 아버지학교에 입학했다는 것입니다.

아버지학교에 입학한 후, 그는 자신의 삶의 우선순위가 잘못되어 있음을 알고 아내에게 용서를 빌었습니다. 아내에게 폭언을 하고 아내를 아내로 대우하지 않고, '직원'처럼 아니 '하녀'처럼 대해 왔다는 사실을 인정하고 용서를 빌었습니다. 하지만 아내는 냉담했습니다. 너무 받은 상처가 커서 아내는 마음을 닫아 버렸습니다.

하지만 그는 아버지학교에서 성육신의 진리를 깨달았습니다. 인류를 구원하려고 하나님의 아들이신 예수님께서 한 초라한 가정으로 오신 사건, 그리고 함께 삶을 사시고 결국 십자가에 못 박히셔서 인류를 구원하신 사건, 그 성육신의 사건이 바로 가정에서도 일어나야 가정이 구원된다는 것을 깨달은 것입니다. 그 형제는 아버지학교에서 "하나님 아버지가 십자가에 못 박히셨듯이 육신의 아버지가 십자가에 못 박혀야 한다."는 말씀에 강한 전율을 느꼈다고 합니다.

그후 그는 아내의 독설과 욕설, 무관심, 냉대를 오직 십자가의 능력으로 이겨냈습니다. 힘들었지만, "나는 십자가에 못 박혔다."는 고백을 하면서 예수님을 바라보면서 승리할 수 있었다는 것입니다. 드디어 아내의 마음이 열렸고, 아내는 남편의 성육신의 사랑을 통해 아내로서의 정체성을 회복하고 그 가정은 구원을 받은 것입니다. 웃음과 평화와 생기와 성장의 기적이 일어난 것입니다.

그분은 십자가의 죽음을 통해 영광스러운 부활을 경험할 수 있었습니다. 그는 과거에는 가부장으로서의 주어진 권위positional authority

만 내세워 가부장주의, 권위주의에 빠져 온 가족을 힘들게 만들었지만, 아버지학교 이후에 자신을 십자가에 못 박으므로 자신의 인격적 권위personal authority를 스스로 세워감으로써 진정한 권위를 세울 수 있었던 것입니다. 예수님의 권위는 성육신으로 완성된 것입니다.

예수님의 이 땅에 오신 뜻은 아담을 회복하기 위해서입니다.
하나님의 아들이신 예수님이 이 땅에 오신 사건은 기적 중의 기적입니다. 하나님은 좀더 특별한 방법으로 그 아들을 보내실 수도 있으셨지만, 지극히 평범한 가정에 지극히 평범한 인간의 모습으로 보내셨습니다. 예수님은 한 가정을 통해서 이 땅에 오셨습니다. 가정에서 부모의 사랑 가운데 성장하셨습니다.

하나님은 왜 이러한 방법으로 예수님을 이 땅에 보내셨을까요? 하나님은 천국은 가정에서 시작되고 완성되어 간다는 것을 보여 주시길 원하셨습니다. 말씀이 육신이 되어 이 땅에 오신 예수님, 그가 제일 먼저 이적을 베푸신 곳도 가정이었습니다. 가나의 혼인 잔치에서 물을 포도주로 바꾸는 이적을 베푸셨던 것입니다. 사실 예수님이 가르쳐 주신 기도(주기도문)가 제일 먼저 이루어져야 할 곳은 가정입니다. 하나님 나라가 제일 먼저 임해야 할 곳도 가정이고, 하나님 아버지의 이름이 거룩히 여김을 받아야 할 곳도 가정입니다. 일용할 양식이 필요한 곳도 가정이며, 우리가 용서하기 힘든 사람이 있는 곳도 가정이고, 우리를 시험에 들게 하는 사람도 우리 가정에 있기 때문입니다.

가정의 회복을 통한 인류의 구원과 하나님 나라의 회복이 그분의 뜻이셨습니다. 하나님은 가정을 통해 교회가 세워지고, 하나님 나라가 확산되어 나아가길 원하셨던 것입니다.

첫 번째 아담의 죽음을 통해 세워진 가정, 그 가정은 아담의 죄로 인해 타락하고 말았습니다. 그래서 하나님은 두 번째 아담을 이 땅에 보내셨고, 두 번째 아담의 죽음을 통해 새로운 공동체인 교회를 세우셨습니다. 하나님은 교회를 통해 가정을 회복시키고 인류를 구원하길 원하셨습니다.

예수님은 이 땅에 하나님의 세 가지 사명을 가지고 오셨습니다. 첫째, 하나님의 뜻에 순종하는 것입니다. 그래서 그분은 십자가를 지셨습니다. 둘째, 인류의 죄를 대속하시고 구원하시는 일을 감당하셨습니다. 셋째, 사랑해야 할 대상을 죽기까지 사랑하는 모습을 보이셔서, 그분의 죽음을 통해 교회를 세우셨습니다.

예수님은 이 사명을 다 이루셨습니다. 예수님은 이 땅에 오셔서 인류의 죄를 대속하고, 하나님과의 관계를 회복시키고, 우리에게 구원의 길을 열어 주셨습니다. 하지만 더 큰 일은 그분 자신과 삶을 통해 전지전능하신 하나님 아버지가 우리의 아버지라는 것을 알게 해 주셨다는 것입니다. 예수님은 그 아버지를 계시해 주셨습니다. 아담의 회복을 통한 가정의 회복, 가정의 회복을 통한 교회의 부흥, 교회의 부흥을 통한 하나님 나라의 확장이 바로 예수님이 이 땅에 오신 목적이었던 것입니다.

가정에서 아버지의 역할이 바로 예수님이 인류에 하신 역할과 같습니다. 바로 제사장과 선지자의 역할입니다. 가족을 대표해서 하나님께 제사 드리는 자가 바로 아버지요, 하나님을 대표해서 하나님을 뜻을 가르치고 나아가야 할 방향을 제시하는 자가 바로 아버지입니다. 아버지는 가족의 구원을 위해, 하나님과의 관계 회복을 위해 무릎을 꿇는 자이며, 가족에게 살아 계신 하나님을 진정한 아버지로 경험시켜 줘야 할 책임이 있습니다. 이것이 바로 아버지의 머리됨입니다.

phrase 내가 그리스도와 함께 십자가에 못 박혔나니 그런즉 이제는 내가 산 것이 아니요 오직 내 안에 그리스도께서 사신 것이라 이제 내가 육체 가운데 사는 것은 나를 사랑하사 나를 위하여 자기 몸을 버리신 하나님의 아들을 믿는 믿음 안에서 사는 것이라 갈라디아서 2:20

prayer 우리 가정에서도 성육신의 사건이 있게 하옵소서. 내가 먼저 십자가에 못 박혀 나의 돕는 배필과 자녀가 회복되게 하시고, 나를 부활시켜 주소서.